Ce père
que j'aimais malgré tout

Franck Ribault

Ce père que j'aimais malgré tout

RÉCIT

Albin Michel

22, rue Huyghens, 75014 Paris

www.albin-michel.fr

ISBN 2-226-12582-5

Si votre quotidien vous paraît pauvre, ne l'accusez pas, accusez-vous vous-même de ne pas être assez poète pour appeler à vous ses richesses.

RAINER MARIA RILKE

La fuite

C'est l'été.

Toute la journée, il a fait chaud, très chaud, en plein cœur de ce mois d'août, à deux pas du mont Juillet, promontoire rocheux et religieux culminant à cinquante-deux mètres au-dessus du niveau de la mer. Le temps est orageux.

Sur la cheminée de la cuisine, le réveil, un Jaz, indique vingt-deux heures quarante-cinq.

Maman et moi finissons de regarder la télévision.

Tout frais rentré de ta tournée, chargé d'alcool, tu montes te coucher.

À l'étage, tu vocifères, rempli que tu es de rancœur et de jalousie.

On entend tes pas sur le plancher, tu tournes en rond en laissant échapper des jurons.

Avec maman, nous échangeons des regards, elle devine mon effroi, je décèle son inquiétude.

Tu t'évertues à te déshabiller, du moins nous le pensons.

Soudain, un grand fracas provient de là-haut.

Tu as dû défoncer d'un coup de poing une cloison en contreplaqué de votre chambre.

Nous sommes debout dans la cuisine.

Tes pas résonnent dans l'escalier que tu dévales à la Tarass Boulba.

D'un regard, maman et moi, nous sommes dehors.

En une seconde, nous avons traversé le petit jardinet qui borde la maison et dépassé la barrière qui jouxte le trottoir.

Maman me tient la main.

Nous tournons au coin du restaurant et traversons la route.

Nous empruntons le passage qui sépare l'église du portail de l'école des filles.

Nous dépassons la mairie, papa, tu es sur nos pas.

Les cloches sonnent. Leur bruit est effrayant.

La boulangerie est là.

Du fournil filtre une lumière.

Un camion des transports Mélédo rétrograde avant de gravir la pente du mont Juillet. Sans frapper, nous entrons chez nos voisins.

Affolée et essoufflée, maman commence à s'expliquer sur notre intrusion.

Déjà on tambourine à la porte.

La boulangère ouvre.

Hors de lui, papa entre.

Le boulanger pétri d'arguments tente de le calmer.

Il s'interpose tout en montrant une chaise à papa.

Leurs enfants montent se coucher.

La lune fait un croissant.

Son épouse a déjà chauffé le café, pour le dégriser. Nous sommes de fidèles clients.

Chaque jour, on leur prend un pain et demi, du pain gris, celui qui laisse de la farine sur les manches des pull-overs.

En maillot de corps, laissant ses bras aller dans l'espace comme s'il tenait une baguette de chef d'orchestre, le conciliateur improvisé se lance :

« Monsieur, votre femme et votre fils vont rentrer à la maison. Vous allez boire ce café (sa femme l'apporte fumant et noir) et les accompagner. »

Papa se lève et assène :

« C'est mon gosse et ma femme, ce n'est pas vous qui allez commander chez moi. »

On aperçoit la salive qui écume aux commissures de ses lèvres, il a la rage.

Le boulanger sait qu'en cas de lutte, il ne fera pas le poids.

Il se sert de son éloquence pour renverser la situation et essayer de le dominer.

Il appuie sa main droite sur l'épaule gauche de papa et s'aide du silence pour l'amener à se rasseoir.

Maman sort tout en s'excusant.

De toute mon âme, sans un mot, je le remercie du regard.

Tous les deux, nous foulons le parvis de l'église.

L'horloge des Touches sonne vingt-trois heures quinze.

Elle nous fait sursauter.

Maman me saisit la main, tire dessus comme si elle allait me l'arracher et dit :

« Fuyons, quand il va revenir cela va recommencer. »

Nous retraversons la route et courons vers le parc de la maison de retraite Saint-Joseph.

Nous coupons à travers les chemins, fuyant à toutes jambes.

Nous volons.

Une haie dégarnie et encombrée de ronces et d'orties ne nous arrête pas.

Nous passons dans un champ appartenant à un couple où nous prenons deux litres de lait chaque soir, avant d'approcher les contours de la propriété du vétérinaire. Un taillis barre l'accès à une autre prairie ; nous le franchissons dans l'élan.

La voix de papa, depuis chez le boulanger, nous a longtemps accompagnés.

Puis elle s'est évanouie.

Il a déversé sa haine envers nous.

Nous marchons un peu. Minuit sonne.

La nuit nous enveloppe, le ciel se dégage, la température s'abaisse.

Au pied d'un arbre centenaire et au tronc creux, nous nous blottissons l'un contre l'autre.

Maman regarde les étoiles.

Il fait frisquet.

Nous adoptons la position du fœtus.

Des feulements se font entendre : papa qui revient nous chercher ?

Des brindilles gémissent. Un lapin est peut-être dans les parages, à moins que ce ne soit un rat.

Nous ne sommes pas rassurés.

Je m'enfonce au creux du ventre de maman comme si je voulais tout recommencer.

Ses mains longues et fines m'entourent. Elle veut me protéger.

Elle le souhaite en tout cas.

Son corps maigre se dessine en avant des bosquets touffus.

Le murmure de la cascade d'un ruisseau nous berce.

Nos yeux nous piquent.

Je m'endors.

Un soir sans toi

Ce soir, tu vas à un concours de belote à Teillé ; la commune est distante de quatorze kilomètres.

Tu feras équipe avec un certain Joseph.

Il est poissonnier, président du comité des fêtes et, d'après la rumeur, poujadiste. Disons que de manière générale, il est du côté des petits.

Joseph est célibataire.

Papa, tu as fait ta toilette.

Tu t'es lavé les dents en te servant d'un peu de suie de la cheminée comme dentifrice.

Dans tes cheveux frisés et noirs, tu as répandu de la brillantine couleur océan pour imprégner tes mèches et arroser tes trente-neuf ans.

Du haut de mes quatorze ans, je t'observe. Tu es bien. Tu sens bon.

Tu te tiens prêt à partir.

Tu soulages la soupière du buffet d'un beau billet.

Tu nous dis au revoir. Tu es déjà dehors.

Il pleut à verse.

Il se fait dix-neuf heures trente.

Nous ne te reverrons pas avant demain. Tu rentreras vers trois heures du matin.

Tu te lèveras à neuf heures, tu partiras pour Nort-sur-Erdre, chef-lieu de canton à cinq kilomètres de chez nous qui possède un PMU, pour accomplir tes activités habituelles : tiercé et tournées de troquets.

Tu reviendras à treize heures passées, sans nul doute pas trop bien.

C'est drôle, te sachant parti, nous voilà rassurés.

Maman et moi, nous allons passer une bonne soirée, sans avoir peur pour une fois.

La vérité, c'est que ton absence est un immense soulagement.

À table

Le soir parfois, le plus souvent possible, on se met à table sans toi.

On se dépêche en sachant que, quand tu vas arriver, on va se faire engueuler car on aura mangé sans toi.

Si on t'attend, on sait aussi que tu nous disputeras.

Car les repas sont pour toi une source permanente d'inspiration d'où jaillissent réflexions, reproches et taloches.

Dans bien des familles, se nourrir est une fête ; chez nous, c'est souvent la mienne.

Pas le droit de parler à table sauf pour demander quelque chose.

Un règlement conçu par toi, et auquel tu ajoutes semaine après semaine des clauses spéciales, dicte ce que doit être ma conduite. Il est précis, et même plus.

Les situations ou les gestes interdits sont nombreux.

Chaque fois que je passe à table, j'essaie de m'en souvenir.

Je mange à la droite du père.

Parfois, j'abrège mon repas pour que cessent les litanies accompagnées de gifles distribuées avec gourmandise.

Cette petite tyrannie quotidienne s'énonce en quelques articles.

1. Ne pas faire grincer la chaise quand on l'approche de la table
2. Soulever ladite chaise et en deux coups être bien positionné
3. Ne pas mettre les coudes sur la table
4. Prendre la fourchette d'une certaine façon
5. Manier la cuillère d'une autre
6. Saisir le couteau encore différemment
7. Ne pas les faire tinter sur l'assiette
8. Ne pas rayer ladite assiette avec le couteau
9. Ne pas couper toute la viande d'un seul coup
10. Ne pas remplir le verre
11. Le boire immédiatement
12. Demander à ce que l'on nous coupe du pain
13. Le rompre délicatement
14. Faire attention que la mie ne se détache pas
15. Prendre garde à ce que des morceaux de croûte ne se dispersent pas
16. Boire sans faire de bruit...
17. ... à petites gorgées
18. En tenant le verre d'une certaine façon
19. En l'inclinant d'une certaine manière
20. En renversant la tête de façon calculée
21. Reposer le verre délicatement
22. Attention à ce qu'il ne heurte pas le bord de l'assiette...

23. ... et à ce qu'il ne se renverse pas
24. La serviette autour du cou
25. Elle ne doit pas faire de pli
26. Mâcher doucement en évitant de grincer des dents

Dans ton règlement familial, je dois veiller aux moindres détails. Sinon c'est la gifle. Par exemple :

27. Consommer avec beaucoup de modération le beurre
28. L'étaler consciencieusement sur la tartine
29. Le prélever dans la motte d'une demi-livre de façon géométrique
30. Ne pas louper son coup
31. Tenir le beurrier...
32. ... afin que les doigts ne touchent pas la matière grasse
33. Ne pas remplir trop sa bouche
34. Mais la remplir assez
35. Ne pas porter le couteau à ses lèvres
36. Porter la cuillère et la fourchette à la bouche mais y faire entrer une proportion de nourriture définie par toi
37. Mais pas trop
38. Assez quand même
39. Mais ni trop vite...
40. ...ni trop doucement

La liste n'est pas exhaustive.
On ne sort pas intact d'une pareille épreuve.
Je vais redoubler mon CM2.

Mon agenda

Je n'aime pas les débuts de mois.

Je n'aime pas non plus les jeudis, vendredis, samedis et dimanches. Ces jours-là, tu disposes d'une manne sonnante et trébuchante.

À cette époque, le salaire est versé en liquide.

Le partage est vite fait.

Sur le total de ta paie, tu prélèves un tiers pour régler les crédits du mois précédent contractés dans les multiples estaminets que tu fréquentes assidûment.

Les deux tiers restants, tu les donnes à maman qui les planque dans la soupière en haut et à droite dans le buffet.

Au fil des jours, tu prends de temps à autre un billet jusqu'à ce qu'elle soit vide.

Maman, pour assurer la fin du mois, obtiendra un nouveau crédit chez nos épicières en prenant bien soin de faire la rotation : Odile, Octavie ou Clémentine selon les moments.

Elle fait attention de ne pas laisser traîner une dette trop longtemps, de peur de perdre leur confiance.

Comment fais-tu pour tenir le coup à ton travail ?

Quel rendement as-tu ?

Quelles relations entretiens-tu avec tes camarades ? Avec tes supérieurs ? Avec ton patron ?

Quelquefois en pleine rue, je sais que tu insultes ton contremaître ou que tu conspues les gendarmes.

Presque chaque fin de semaine, du vendredi soir au dimanche soir, tu tiens la même cuite, atténuée seulement par le répit de quelques heures de sommeil.

Il est des périodes où tu es tellement dans les cafés que l'on croirait que tu y habites.

En revanche, j'aime les fins de mois.

J'aime les lundis, mardis, mercredis.

J'aime quand tu manques d'argent.

Ce sont les seuls moments où tu deviens plus raisonnable.

Tu rentres aussitôt à la maison.

Certes, tu es toujours rustre, mais la violence t'a quitté, pour un instant en tout cas.

Il faut dire que les débuts de semaine, tu récupères des abus du week-end.

L'envie

Au cours de l'hiver 1971, le bourg frissonne.

La pluie et le froid s'acharnent sur nous.

À la maison l'atmosphère rappelle un peu la Sibérie.

Notre cuisinière à fioul est en panne.

Le conduit étant bouché, tu as préféré l'éteindre afin de ne pas risquer l'asphyxie.

À l'intérieur, la température flirte avec les dix degrés.

Les cloches nous indiquent qu'il est deux heures et quart du matin.

Des rafales de vent cinglent les volets.

Une averse de neige tombe sur les ardoises avec un crépitement agaçant.

Au fond de mon lit, je me réchauffe comme je peux.

Une envie de pipi m'a sorti de mon sommeil. Je regarde autour de moi, il y a un seau en plastique jaune d'œuf avec de l'eau de Javel au fond.

Entre le seau et moi, il y a toi qui ronfles à tue-tête.

Hier soir, quand tu es rentré à minuit moins dix, tu nous as réveillés, maman et moi, parce que tu n'étais pas bien et aussi parce que tu voulais te défouler.

Tu as un peu battu maman.

Tu as failli me frapper.

Tu m'as insulté à propos de quelque chose de mal, un petit mal, que j'avais fait il y a quelques semaines et qui est sur la liste noire :

41. Déchirer mon pantalon
42. Cabosser le bidon de lait
43. Parler à un copain alors que tu es fâché avec son père
44. Avoir, sans le vouloir, attisé ta jalousie pour avoir bien défendu mon point de vue lors d'une discussion
45. Être demandé pour arbitrer un tournoi de football

Tu aimes bien ressasser, ramener les conflits sur le tapis, remettre les choses au point, les mettre aux poings même parfois.

Je me suis endormi avec l'inquiétude au ventre.

Comme, une fois couché, tu vociférais encore, je me suis bouché les oreilles. Je me suis raconté des histoires de belle maison, je me suis imaginé une autre vie.

Maintenant me voilà éveillé.
La vessie me brûle.
Le froid s'accentue.
L'envie perdure.
J'ai mal.
Je me lève.
Je marche délicatement sur la pointe des pieds.
J'hésite mais la sensation est de plus en plus insupportable.
Sous mes plantes de pied, le parquet de bois se met à grincer.
Papa, tu remues.
Je serre les dents.
Je m'interroge : si je le réveille, il va me dire : « Qu'est-ce que tu fous là ? »
Deux heures et demie du matin.
« Tu ne pouvais pas aller pisser avant de te coucher ? »
Lui pourtant urine régulièrement toute la nuit et on ne lui dit rien.
Je cogite dans ma tête. Il s'est tu vers minuit et demi, cela fait deux heures qu'il dort. Son taux d'alcoolémie a dû baisser mais pas assez pour qu'il soit redevenu bien.
Le parquet se met à chanter.
J'ai la trouille.
Je ne bouge plus.
Surtout qu'il ne se réveille pas.
Je fais un pas en arrière.
Papa se retourne encore.

C'est décidé, je rebrousse chemin, me voilà de retour dans mon lit. J'ai trop peur.

L'envie martyrise mon bas-ventre, elle me lance comme des aiguilles dans mon sexe.

Je jette le drap du dessus et les couvertures à terre.

Je baisse mon pantalon de pyjama sur mes chevilles et remonte ma veste sur ma poitrine.

N'y tenant plus, je me mets à faire pipi sur mon ventre. Doucement en me retenant même si cela fait mal, je laisse aller le liquide salé sur mon abdomen.

J'oriente ma verge.

Je creuse le ventre pour en faire un réservoir.

Le liquide chaud ne doit pas déborder.

Il ne doit pas atteindre le drap tendu en dessous de moi.

Avec les doigts de ma main gauche — l'autre tient mon sexe —, je répands l'urine à l'intérieur de mes cuisses et en des endroits de mon corps qui ne sont pas en contact avec la literie.

Les pores se font petits cochons.

Le froid les aide à boire le liquide devenu tiède.

Les parties de mon épiderme barbouillées ainsi collent un peu.

Je sens mauvais.

Tant pis, je me laverai quand papa sera parti au boulot.

Je m'endors.

Tout à l'heure, il y a école.

Au début

Tu es né en 1933 dans une famille de six enfants.

Ton père est chef de gare, ta mère vous élève.

En 1943, tu regardes, de Carquefou, les lumières de la ville de Nantes.

Soudain, se font entendre des avions, des bombardiers, qui lâchent leurs cargaisons sur la cité des ducs de Bretagne.

Quel feu d'artifice !

Ton père décède cette année-là qui est celle de tes dix ans : une occlusion intestinale trop tardivement soignée l'emporte dans le couloir de l'hôpital où il attendait qu'on vienne le chercher.

Plus tard, tu diras que l'auteur de tes jours est mort en service commandé, expirant lors d'un interrogatoire trop musclé mené par l'occupant allemand.

Tu as toujours un peu affabulé. Ou alors — et je penche plutôt de ce côté-là — tu avais inventé ton père.

Pour que sa présence à tes côtés, si courte, soit magnifiée par une conclusion pleine de bravoure.

À la fin de la Seconde Guerre, ta mère, devenue veuve, fut, grâce à l'obligeance des chemins de fer, nommée dans une commune au nord du département de Loire-Inférieure.

Tant bien que mal, elle concilie le métier du rail et sa vocation de mère de famille nombreuse. Son caractère bien trempé l'aide à contrôler sa demi-douzaine de rejetons.

Tu as trois sœurs que je laisse à leur anonymat, par respect pour elles.

Tu as deux frères aînés dont je parlerai brièvement en disant qu'ils quittent de façon précoce l'école pour partir aux colonies, entre autres au Congo, afin d'y effectuer des déboisements massifs et intéressés.

Le petit frère que tu es ne s'attarde pas sur les bancs de l'institution scolaire.

À douze ans, tu entres en apprentissage chez l'un des bouchers de la commune.

Tu découvres une corporation dure et sans compassion.

Tu t'inities à la mise à mort des animaux dans de vétustes abattoirs.

Tu entends gueuler ton patron plus fort que les bêtes que tu égorges à qui mieux mieux.

Les mains puis le torse couverts de sang, tu t'y reprends souvent à plusieurs fois pour achever de petits agneaux qui, loupés mais déjà touchés à mort, pleurent comme des bébés.

Au commencement

La première trace écrite qui prouve l'amour que tu portes à celle qui deviendra ta femme et ma maman date du 15 décembre 1949.

Tu as seize ans, elle en a quatorze.

C'est d'une carte postale en carton mâché qu'il s'agit. Tu écris :

Ma chère petite Marie,

Je rends réponse à ta chère petite lettre que tu m'as envoyée cette semaine et qui m'a bien fait plaisir.

Je t'en remercie à l'avance.

J'espère aller faire un tour dimanche prochain à Mouzeil car je penserai beaucoup à toi et je ne t'oublierai jamais depuis que je t'avais vue aux courses de vélo à Ligné avec tes petites camarades.

Je termine ma courte lettre, celui qui t'embrasse bien fort et qui t'aime.

Michel

Le dessin de ce premier envoi montre deux enfants.

Il s'ensuit plusieurs correspondances qui évoluent avec le temps.

Elles sont en couleur, représentent des jeunes gens et le carton est glacé.

Ce que tu écris, ce sont des messages tendres, révélateurs : le soupirant se languit du temps qui s'écoule entre deux rendez-vous pris avec sa belle.

Deux ans plus tard, papa a dix-huit ans, il est beau : les filles lui courent après.

Il court après les gars pour leur casser la gueule.

Maman a seize ans, elle a de l'allure, des garçons la courtisent, elle ne les regarde pas ou si peu.

Elle sort à vélo avec des copines, promenant sa silhouette menue, brune et douce, dans les communes voisines.

On dit des choses sur papa.

Parfois, il ne vient pas à ses rendez-vous.

On dit qu'elle devrait le planter là.

Mais elle, avec lui, veut un jour dire nous.

L'année 1952 s'achève.

Papa s'élance avec maman sur la piste de danse.

Tous les deux entrent en transe.

Ils sont si soudés que, soudain, ils ne font plus qu'un. Leurs doigts se nouent, parfois leurs mains. L'émotion les étreint quand, au milieu de la foule, d'un coup de reins, papa fait monter la houle jusqu'au bord de ses seins.

Dans ton ventre

C'est l'hiver 1957.

Toi, maman, blottie dans ton lit, tu retardes l'échéance qui te fera te lever et partir pour Ancenis, commune distante de dix-sept kilomètres, baignée par la Loire, où tu dois embaucher.

Tu es seule. Il est six heures du matin.

Papa est en déplacement.

Tu travailles dans une usine de confection.

Tu effectues le trajet à mobylette.

Au dernier moment, alors que la grande aiguille du réveil avale trop vite à ton goût les minutes qui passent, te voilà debout, puis dehors, puis encore assise sur ton engin.

Une fois passé quelques hameaux, tu te retrouves en rase campagne au milieu des bordées de taillis, de bosquets, d'arbres et de haies.

Le givre est baigné par la lune si blanche qu'on la croirait fardée.

Sur ton trajet, tu rencontres peu d'autos. Quelques vélomoteurs te croisent, quelques vélos aussi.

Personne ne te double, à part une motocyclette conduite par un gars qui, casqué et vêtu de cuir, va aussi travailler à Ancenis.

Personne ne te double, disais-je, parce que tu roules à fond, aussi vite dans les virages qu'en ligne droite.

Le temps que tu perds au lit, tu le gagnes ainsi.

De petits cristaux de grésil figés par le déplacement d'air te font des boucles d'oreilles.

Tes mains longues et fines drapées dans des moufles en laine attrapent les poignées de la mobylette qui vrombit.

Du moteur s'échappe de la fumée qui entoure tes chevilles.

Quand la route bifurque, tu te penches pour gagner quelques secondes. Ta silhouette frêle se détache au milieu de la route déserte.

À l'intérieur, je me cramponne comme je peux. Le placenta s'agite en tout sens.

Je m'y agrippe sachant que, si je lâche prise, tu me perdras.

Il fait bon chez toi. Il fait chaud, mais qu'est-ce que ça ballotte !

J'en ai le mal de mer : c'est de là que, plus tard, me viendront les nausées que j'éprouverai lors de mes voyages en car.

Certes, tu songes à moi et me demandes pardon. Tu passes parfois ta main sur ton ventre qui s'enhardit à gonfler un peu. Je m'approche de tes doigts à travers la peau. Je ressens tes phalanges et toi tu ne le sais pas.

Quand tu remets ta main gauche sur le guidon (c'est pour cela que je naîtrais gaucher), je me jette dans le liquide amniotique. J'y bois la tasse.

Je manque de m'y noyer. Voilà sans doute pourquoi, dans l'eau, je ne suis pas plus hardi que cela.

Au mois de mai, papa a promis qu'il t'épouserait.

Le jour de votre mariage, tu as quatre mois passés de grossesse.

Tu t'es arrangée pour que je joue à cache-cache avec ceux du dehors.

Tu fais partie de ces femmes qui portent leur enfant discrètement. On dirait un kangourou.

À part vous deux, personne ne sait que nous sommes trois.

Tant mieux, car il faut dire qu'en 1957 être enceinte avant le mariage, cela n'est pas convenable.

L'examen

L'instituteur a bichonné son Aronde. On admire sa couleur rouge et ses cuivres rutilants. Il a mis ses plus beaux habits.

Hier, le maître a dit aux six élèves qu'il va emmener et dont je fais partie : « Nous partirons de bon matin car il faut que nous soyons à l'heure pour l'appel. »

Nous voilà en route pour une expédition d'environ huit lieues et demie. Une jolie demi-heure après, Nantes nous accueille.

La journée se passe sans problème. Sauf ceux que l'on nous sert dans une vaste classe aux vitres béantes et à l'acoustique incertaine.

Le soir, l'instituteur regagne son école avec sa cargaison d'enfants.

Comme il est jeune et très ouvert, il recueille nos impressions sur l'examen.

Pendant le trajet, il a bien sûr donné toutes les réponses aux sujets que l'on nous a proposés. Lui, à coup sûr, a le niveau sixième.

Des parents de la campagne viennent chercher

leurs enfants, ceux du bourg attendent que leur progéniture rentre à la maison.

À la rentrée scolaire 1969, je prends le car scolaire qui s'arrête près de l'église. Le midi, je mange à la cantine et le soir, le car nous dépose devant l'épicerie d'Octavie.

Mes premières semaines dans le secondaire, je les passe en quarantaine.

On m'a mis à l'arrière et à l'écart.

Rien ne prouve que je sois apte à intégrer la classe. J'y suis physiquement mais je suis absent légalement. Je n'ai pas de papiers, pas d'existence pour l'école. Je suis angoissé. J'ai tellement envie d'y être.

Le directeur a téléphoné à l'académie : on cherche, on fouille et enfin ouf ! on retrouve la trace de mon examen.

Le recteur envoie un mot d'excuse au chef de notre établissement. Il y joint le précieux sésame attestant de ma réussite à l'épreuve. La note générale, 154 sur 170, figure dans mon dossier ainsi que la mention « Premier du département de Loire-Atlantique (ex-Loire-Inférieure) ».

En octobre 1969, j'intègre réellement le groupe des sixièmes.

C'est à cette époque que s'inscrivent, en papa, les prémices de son mal. Son acharnement me conduira à l'échec scolaire.

Peu à peu, des sévices et des épreuves bien plus pernicieuses qu'une raclée vont rythmer ma vie quotidienne, puis empoisonner mon existence.

Les cinq années qui me séparent de mon entrée en apprentissage vont me meurtrir à jamais.

Le dictionnaire

Je ne suis pas beau, je ne suis pas riche.

L'écriture est la seule chose qui me permet d'exister, celle qui m'a donné envie de continuer à vivre.

À la maison, il n'y a aucun livre ou plutôt si, chaque année, l'almanach Vermot.

Quand j'entre en sixième, mon oncle Jacques et ma tante Danièle me prêtent un imposant dictionnaire. Ils ne savent rien de mes malheurs.

Ils savent seulement que j'aime les rédactions, le français.

Devant eux, papa fait le beau.

Ils disent que faire des études, c'est bien.

Quelques jours plus tard, le lexique subit la colère de papa qui arrache la couverture.

Pendant plusieurs mois, le tonton et la tante réclament leur dictionnaire. Chaque fois, je maquille. Une fois, je l'ai oublié à l'école, une autre, je l'ai prêté à un copain.

Enfin, nous le rendons, maman l'a rafistolé avec du scotch.

Mon oncle n'est pas content : « Dans quel état tu me le rends ! »

Il ne sait pas que je n'en ai jamais ouvert les pages.

Papa l'avait planqué dans un coin du grenier. Tout déplacement de l'objet est impossible car, a-t-il dit : « J'ai fait des repères ».

Les résultats du premier trimestre sont bons. Je découvre les mathématiques et l'anglais. J'aime travailler.

Pourtant, en cours, j'ai parfois la tête ailleurs. Je pense à ce qui va se passer quand je serai rentré. J'ai des pensées pas très gaies.

Ce soir sera-t-il le dernier ?

L'interdiction

À la maison, cela se passe mal entre papa et maman.

À la maison, c'est surtout lui qui parle.

Pourtant, un soir qu'il est bien, je domine ma peur et, cartable sur le cœur, je m'avance et m'adresse à lui.

Je sors un livre d'anglais et, de mémoire parce que tantôt Jacques, le fils du receveur des Postes, me l'a traduit, je lui signifie en français ce que veulent dire les mots étrangers.

Je n'ai aucune envie de parader, mais il me fait de la peine à me répéter les mêmes phrases toute la journée : « Je ne vais pas continuer à te payer tes études ! »

Entre parenthèses, elles ne lui coûtent pas grand-chose ces études dont il se plaint qu'elles le saignent :

a) Je suis dans le public.

b) Mes parents touchent des bourses.

Je tiens donc à lui montrer que ce qu'il dépense me sert à découvrir de nouveaux horizons, à acquérir des connaissances essentielles. Bref, à apprendre.

Je pense depuis un moment à cette tentative de rapprochement. Tout à coup, nous nous sommes trouvés physiquement côte à côte et, alors que mon cœur bat tellement vite que je crois qu'il ne bat plus, j'espère qu'il a compris ma soif de savoir, mon envie de bien faire et de lui montrer que je progresse.

Quelques jours après, un soir qu'il n'est pas bien, il éructe :

« Je ne veux plus rien voir à la maison de tes affaires d'école. »

Que faire ?

On n'a pas le droit de les laisser dans notre casier. Et puis les professeurs poseraient des questions.

Je ne peux pas les ramener chez moi. Il va falloir que je trouve une cachette entre les deux.

Quand je sors du collège Paul-Doumer mon cartable contient livres et cahiers. Je m'empresse de faire mes leçons dans le car pendant les vingt minutes que dure le trajet.

Arrivés à destination, devant l'épicerie d'Octavie, nous nous éparpillons comme des volées de moineaux. Chacun rentre à la maison. Pour moi, je dois d'abord me débarrasser de mon chargement compromettant.

Discrètement, je m'esquive et me faufile derrière les urinoirs qui jouxtent l'église. Je vide mon cartable et glisse dans un grand sac de plastique tout ce qu'il contient.

Puis je planque le tout sous des planches qui se tiennent là.

Ma panoplie écolière va dormir à la belle étoile.

À l'abri des regards et des intempéries, elle va attendre demain ou après-demain qu'on vienne la chercher.

De l'autre côté de la route, les restaurateurs m'aperçoivent de temps en temps. Ils me voient entrer ou sortir de derrière le mur.

Je les soupçonne d'avoir été un jour se rendre compte : est-ce pour cela que parfois ils me donnent des glaces ?

Revenant du travail, papa a dû uriner des dizaines de fois en cet endroit, sans se douter un seul instant que de l'autre côté dorment les devoirs de son fils.

Certains soirs, tu me souhaites de passer au cours de ma vie par où tu es passé. Tu fais allusion à ton séjour en Extrême-Orient sans en dire plus.

L'épreuve des questions

Ta phrase revient souvent :

« Quand tu seras passé par où je suis passé ! »

On dit que tu es parti en Indochine pour voir du pays.

On dit que tu as agi sur un coup de tête.

On dit que tu as fait cela pour l'argent (ta prime d'engagement, tu l'as donnée à ta mère).

Savais-tu ce qui t'attendait ?

Ce que tu allais y faire ?

Tu as effectué maintes expéditions dans les rizières, jamais tu n'en diras le contenu.

As-tu tué ?

Des femmes, des enfants ?

L'Indochine

Au début 1954, on t'a rapatrié d'Indochine en France car tu étais malade.

Après la défaite, on t'a expédié au Maroc.

Ainsi, dans ta vie, tu auras quitté la France deux fois et deux fois pour faire la guerre.

De tes campagnes meurtrières, tu rapportes des photos de paysages, d'animaux, de scènes des travaux des champs.

Des clichés des autochtones, peuple martyrisé, qui, lorsqu'ils ouvrent la bouche, rient déjà.

À Saigon, tu poses accoudé à un tank. Tu es aussi à l'aise que si c'était un bar. Tu es dans les blindés. Tu es beau.

Sur un autre cliché, tu chevauches une moto de forte cylindrée. Au fond on voit un paysage assez touffu mais quelque peu montagneux, ce doit être pris dans l'Atlas marocain.

Tu es magnifique.

Plus tard, Marlon Brando dans *L'équipée sauvage* et

Steve Mac Queen dans *La grande évasion* tenteront dans la même pose de t'égaler, sans y parvenir.

La seule course de ma vie que j'ai quasiment gagnée, c'est bien celle que j'ai faite à l'aube du 30 janvier 1957. Ce soir-là, sortant de chez toi, je suis arrivé quelques dixièmes de seconde plus tard dans le berceau des entrailles de maman.

Je ne savais pas encore ce qui m'attendait.

Les séquelles

D'abord, papa, c'est ton cerveau qui l'imagine.

Réveillé en sursaut par des douleurs abdominales qui te labourent les intestins, tu décides d'anesthésier le mal attrapé au Tonkin, toi petit Rambo français, en lui substituant un coït aussi furtif que fulgurant.

De tes mains calleuses, aux poignets fracturés par quelques manipulations douteuses effectuées en Extrême-Orient, tu ne mets pas longtemps à transformer ma mère de paisible endormie en victime consentante.

Elle a vingt et un ans passés, elle a sa majorité. Sa peau est douce et lisse, elle sent bon l'eau de Cologne et le savon de Marseille.

En quelques secondes, grâce à tes attouchements, elle passe de la position du fœtus à celle de femme offerte, allongée sur le dos, muscles tendus, cuisses écartées, ventre plat.

Tu viens placer le tien meurtri par les piqûres que tu t'infliges tous les jours.

Tu tentes d'éradiquer les vestiges de ces terribles amibes qui ont failli t'emporter, toi qui as bu un jour dans le lit d'une merveilleuse rivière vietnamienne, jonchée de nénuphars aux ventres gonflés qu'en Europe on appelle cadavres ambulants.

Pendant que le jour se lève, arrosé abondamment par des brumes généreuses, tu te mets en mouvement, faisant aller ton sexe.

Les joues de maman passent au rouge écarlate.

Ton corps exhale l'odeur de la brillantine que tu mets chaque matin sur tes cheveux.

La pression sanguine s'accélère. Le pouls bat la chamade. Vos cœurs s'accordent.

Ma future maman décèle les prémices de quelque chose qui s'annonce et qu'on appelle jouissance.

Papa, tu sens monter dans ta verge le plaisir, atténué cependant par ces séquelles qui te tordent le ventre. Tu te laisses aller en même temps que s'échappe un râle langoureux de ta gorge abîmée par la cigarette.

Maman reçoit ta semence et referme ses jambes doucement comme on ferme un livre qui vous a bouleversé.

C'est là que j'arrive, apaisé et calme. Je m'endors tout de suite.

Vous vous levez ensemble.

Vous vous lavez l'un après l'autre.

L'arôme du café moulu à la main embue les vitres de la cuisine et graisse les rideaux à carreaux.

Chacun avec votre bol, debout près de la table de bois épaisse, vous ne soufflez mot.

Maman, tu ressens papa qui travaille en toi.

Papa, tu la regardes à peine. Tu avales goulûment le nectar de caféine et files dehors. Sur le seuil de la porte, tu frémis.

Pour te réchauffer, tu agrippes une gauloise que tu portes fiévreusement à tes lèvres.

Tu l'allumes avec un briquet à mèche que t'a donné ton futur beau-père. La flamme se courbe. Tu inclines ta tête de côté en protégeant d'une main le feu que tu tiens de l'autre.

Tu aspires fort et avales la fumée qui envahit la gorge, le larynx et file t'enrober l'œsophage et peindre tes poumons.

Quelques oiseaux vocalisent, le printemps est précoce. Des escargots prennent leur temps pour traverser le jardin. Au poulailler, le coq va de femelle en femelle qu'il besogne à l'allure d'un métronome.

De ta cigarette, il ne reste qu'un mégot.

Ton intestin crie au secours.

Tu laisses échapper : « Aïe ! bon Dieu ! »

Tu files au fond du jardin vers la cabane en bois qui sert de lieu d'aisances.

Tu t'assieds.

Mais déjà la diarrhée a dégouliné dans le trou béant. Elle se jette dans la fosse septique. Il y en a partout, sur la planche, sur le sol, sur ton pantalon, dans ton slip, même sur tes mollets. Tu gardes le mégot entre tes dents pour ne pas crier.

Tu mords comme si c'était du cuir, de celui qu'on mettait dans la bouche des poilus de 14-18 qu'on allait amputer, sans anesthésie mais abrutis d'alcool.

Ton ventre te torture. Tu chiques, tu craches l'aggloмérat de bave, de tabac et de papier. Tu laisses tout tomber.

Tu ouvres la porte pour prendre l'air et parce que personne ne peut te voir. La nature s'éveille.

Tu as les yeux embués de larmes. Tu tressailles encore. La douleur finit par disparaître.

À l'aide de vieux journaux, tu essuies partout comme tu peux.

Tu enlèves presque tout et te diriges vers la maison : comme un gosse va vers sa mère pour qu'elle lui remette sa culotte et ses bretelles, ton pantalon menotte tes chevilles.

Tu as vingt-trois ans, on ne le dirait pas.

Tu te laves à nouveau.

Maman t'apporte des vêtements de rechange.

Tu rallumes une autre cigarette.

Tu te fais une injection à l'aide d'une immense seringue.

Elle s'enfonce profondément dans le ventre.

Le liquide te fait mal puis s'éparpille en toi et te calme pour quelque temps.

Tu enfourches ta mobylette et part à ton travail. À l'époque, tu conduis un bulldozer, véritable rhinocéros, ouvreur de routes, dévoreur de terre et casseur de cailloux.

Plusieurs fois dans la journée, tu devras quitter en urgence ton poste sans dire pourquoi.

Un peu plus loin, tu défèques à l'abri des regards en songeant aux camarades morts que l'on a rapatriés d'Indochine, la nuit, dans leur cercueil afin que l'on ne sache pas.

Toi, tu es revenu de jour, très malade et vivant. Mais si peu.

La mort du grand-père

Ma cuisse droite est enflée.

Maman dit que je suis tombé du landau.

Sa mère qui habite à quelques centaines de mètres n'y croit pas.

On me prénomme Franck. C'est ma marraine, la petit sœur de maman, qui a choisi.

Je l'ai échappé belle, on a failli m'appeler Raf, vu qu'un bel acteur italien qui fait craquer les jeunes filles porte ce prénom.

M. Valonne a eu chaud.

Au printemps 1960, vous revenez habiter dans la commune où réside ta mère. Vous êtes à nouveau ensemble.

Papa, tu as décidé de t'éloigner du domicile de tes beaux-parents. Tu commets quelques dérapages à mon égard, tu as la main leste et un langage blessant. On prend une décision.

Au début de l'année 1961, mes grands-parents maternels me recueillent.

Le père de maman est forgeron. Il travaille à l'usine nantaise des Batignolles.

Il porte un béret noir, s'habille sobrement, aime beaucoup la pêche, triche aux cartes et cultive soigneusement un potager.

Il se prénomme Auguste, il a un mauvais caractère et en permanence une cigarette roulée à la main au bord des lèvres.

La mère de maman est à la maison. Elle fait de la couture et du tricot pour arrondir les fins de mois.

Elle s'habille simplement dans des blouses aux couleurs reposantes. Elle se prénomme Yvonne, elle est douce et calme et m'apporte des escargots du jardin dans mon lit le matin.

Sur une feuille de journal, ils s'ébattent à qui mieux mieux.

Grand-mère me fait des potions, comme du lait de poule, pour me fortifier.

Je vais moi-même chercher les œufs au poulailler. Parfois, je les extirpe du derrière d'une petite poule rousse qui est ma préférée. Des lapins rongent leurs incisives dans des clapiers toujours propres.

Chez pépé et mémé, j'ai le droit de tout faire, mais pas n'importe quoi !

La quiétude règne chez eux. Ce n'est pas l'opulence mais on ne me fait jamais aucun reproche. On ne me parle pas de ce que je « coûte ».

Huit ans après ton retour d'Indochine, tu portes toujours les stigmates de la guerre sur ton visage. Tes joues, telles des tranchées, sont creusées par les sillons de l'horreur. Tes nuits sont agitées par des images qui te réveillent en sursaut et te tiennent éveillé jusqu'au petit matin. Ton ventre meurtri se rappelle à ton souvenir quand de tes entrailles naissent ces douleurs lancinantes qui te laissent exsangue au cabinet.

Sur les genoux de grand-père, j'apprends l'alphabet. Je vais à l'école et, très vite, j'en rapporte des médailles et du pain d'ange, signes encourageants quant aux résultats obtenus.

Avec ton beau-père, il y a des hauts et des bas.

Tu parles de me reprendre, il s'y refuse obstinément.

Vous allez à la pêche. À trois, quatre ans, je pose au côté de poissons carnassiers presque aussi grands que moi et aux dents acérées, ce qui m'impressionne fortement. Surtout quand, après leur avoir coupé la tête, tu les cloues sur une planche de contreplaqué. Les sandres et les brochets arborent leurs gueules ouvertes comme s'ils demandaient un sursis.

Vous jouez aussi à la coinchée, des parties mémorables qui se terminent parfois en palabres, du fait que certains trichent.

Il paraît que des femmes te courent encore après, négligeant le fait que tu en possèdes déjà une.

Même amaigri par la maladie, tu restes séduisant.

1963, l'année de mes six ans, Jean Cocteau, Édith Piaf, le pape Jean XXIII disparaissent. Mon pépé aussi.

Un matin en se rasant, il est pris d'un malaise cardiaque et s'effondre devant l'évier, sur la terre battue du sol de la cuisine. Nous sommes le 30 avril, mais sa femme qui accourt ayant entendu le bruit de sa chute croit au premier regard que c'est le père Noël qui s'est trompé de jour à cause de la mousse à raser qui lui fait une barbe blanche.

On va chercher du secours chez les voisins. Grand-père s'éteint avant l'arrivée du docteur. Il a cinquante-neuf ans. J'entends l'agitation qui règne en bas. Ma marraine me retient là-haut.

Le surlendemain, papa veut que je l'embrasse. Alors me prenant dans ses bras (cela fait longtemps la dernière fois), il me penche sur le visage de pépé dont je baise le front. Ma main gauche lui caresse une joue, papa ne me reprend pas, lui qui me fait une guerre sans pitié afin que je me serve de ma « belle » main, la droite.

Que c'est froid ! il me repose à terre.

Les cloches de l'église sonnent sans retenue. À l'école, le jour de l'enterrement, je suis l'objet de toutes les attentions. Je chevauche, ce jour-là, plus souvent qu'à mon tour, le petit cheval de bois rouge, unique sujet d'amusement dans la cour.

Grand-père étant parti au ciel, tu ordonnes mon retour au domicile conjugal. Tu ne t'es jamais bien entendu avec ta belle-mère qui soutient sa fille et me couve de trop à ton goût. Son mari n'est plus là. Tu peux récupérer ton rejeton car tu sais que financièrement elle ne pourra pas suivre.

Grand-mère va toucher moins que si son époux était décédé sur sa mobylette en effectuant le trajet pour se rendre à son travail.

Je vais rentrer à l'école de la commune où vous résidez. Le soir, je regagne la maison. C'est une unique pièce que vous louez qui borde un champ où broute un petit cheval blanc.

Ce qui était bien chez mes grands-parents, c'est que, là-haut dans le grenier, il y avait un énorme coffre d'osier dans lequel dormaient plein de livres et d'illustrés qui ne demandaient qu'à être ouverts. Seuls, les livres s'ennuient.

J'avais sollicité la permission de ma grand-mère de m'y plonger, ce qu'elle avait accepté tout de suite. Je passais de longues heures dans ce sanctuaire où je connaissais mille aventures.

Parfois, elle se faisait violence, en haussant le ton, parce que je tardais à descendre manger. J'étais à cette époque un enfant posé et attentif. Mis à part la lecture, une de mes occupations était de masser la plante des pieds de ma marraine, surtout celle dont la jambe avait été cassée lors d'une chute de vélomoteur.

Plus tard, elle me racontera que je n'étais pas avare de caresses.

La trousse

À Ligné, dans la petite maison au bout du chemin, il fait froid. Pas de chauffage dans l'unique pièce où nous vivons.

Dans le seau niché sous l'évier, près de la fenêtre, l'eau gèle.

Des oiseaux de nuit volent pour se réchauffer, papa cauchemarde. Maman retient son souffle, en me tenant la main. Moi, les yeux grands ouverts, je pense !

Je songe à ma mémé, la maman de maman, avec qui tu es fâché.

Tu lui as interdit qu'elle me voie. Elle brave l'interdiction.

Ce midi, elle est venue m'attendre discrètement à la sortie de l'école. Elle se dépêche de me remettre un paquet. Elle me le glisse entre mon pantalon et ma peau nue.

Elle dit : « C'est une trousse. » Elle dit encore : « Demain et les autres jours, tu n'auras qu'à la laisser à l'école. »

Elle m'embrasse.

Je m'y attache. J'ai six ans.

Elle doit batailler ferme pour me porter sur ses frêles épaules. Déjà, elle file sur la route de Mouzeil, sur sa bicyclette dont le pneu avant est de couleur rouge et l'arrière noir.

Des signes de la main nous unissent encore, puis un pâté de maisons nous sépare.

Pour combien de temps ? Je ne le sais pas.

La séparation nous coûte à tous les deux.

J'esquisse une torsion du tronc et tends mon bras gauche qui se met à chercher à tâtons parmi les ressorts du sommier. Soudain, j'atteins mon but, je l'ai.

Le plastique froid me réchauffe le cœur quand je pose cette trousse magique sur ma poitrine palpitante. Je hume son odeur de chose toute neuve, je l'ouvre. Plutôt, je la déplie et palpe avec délicatesse les mines des vingt-quatre crayons de couleur qui se tiennent rangés au garde-à-vous. Je pense à Bourvil dont parfois à la radio j'entends la chanson « Elle vendait des crayons ».

Dans l'obscurité, je tâtonne tel un aveugle décryptant le braille.

Je reconnais la gomme, le double décimètre, le taille-crayon, le rapporteur, le crayon de bois de corpulence plus fine. Je pleure doucement, sans bruit. De joie.

Demain, je vais l'étrenner, celle-là même que j'ai cachée sous mon manteau de gros tissu bleu marine uni dont les boutons sont comme des petits cigares que l'on enroule à des morceaux de plastique. Demain, c'est l'école.

Une sortie de route

Fin 1963, vous déménagez encore.

Tu te rapproches de l'entreprise où tu viens d'être embauché.

Un petit chantier naval ancré au bord de l'Erdre, jolie rivière de la région, t'a recruté comme soudeur.

Nort-sur-Erdre est le chef-lieu de canton ; géographiquement, il se situe à trente kilomètres au nord de Nantes.

L'espace naturel est surtout occupé par les champs et les prairies de ceux qui vivent de la terre.

Comme sites, on peut visiter le lac de Vioreau à Joué-sur-Erdre, la forêt de la Meilleraie, le maquis de Saffré où sont morts bien des jeunes des communes environnantes.

À un peu plus de cinq kilomètres à l'est de Nort-sur-Erdre se trouve une petite commune. Elle s'appelle Les Touches.

Elle compte à l'époque environ mille trois cents habitants.

Pendant une décennie, je vais y vivre des journées

terribles (de trop) et quelques moments magnifiques (trop peu).

J'ai gardé, au fond de moi, toutes mes souffrances. J'ai résisté à tous les tracas grâce à la lecture, à l'écriture, au football. Et à la compagnie des autres qui seront pour la plupart admirables avec moi.

Les conversations et les rencontres qu'à leurs côtés je ferai, souvent en écoutant en retrait, me marqueront pour la vie.

Des instants que tout un chacun trouvait anodins, il m'arrivait de les trouver sublimes.

Toutes ces escapades effectuées l'après-midi (il fallait rentrer au plus tard à dix-huit heures trente) me furent d'un secours fabuleux.

Sans elles, je serais devenu fou.

Les années passent, cahotiques et tumultueuses.

J'entre en CE1 au cours de l'année 1964.

Quelques bribes de souvenirs reviennent à ma mémoire : la peur que j'éprouve en regardant à la télévision (chez la mère de papa) *La belle et la bête* de Jean Cocteau avec Jean Marais. La pose que je prends au côté de Miss France 1965 de passage au restaurant vendéen tenu par un de tes frères. Le début des voyages en Citroën (celle de l'instituteur) afin de rallier telle ou telle commune voisine pour s'adonner à un match de football.

Tu as acheté la télévision pour suivre la coupe du monde 1966. Comme l'appareil coûte cher, tu en as dégotté une d'occasion.

Elle est moribonde. Dès qu'elle chauffe, l'image s'enfuit.

Voilà que cette source de détente devient celle de la dispute. On la garde froide pour le soir en priant qu'elle ne se brouille pas.

Sur l'écran, le journal passe des reportages qui rendent compte de la situation en Indochine.

Les Américains ont pris la succession des Français et, pour se démarquer, appellent le territoire le Vietnam.

Tu dis que c'est de la propagande, que cette guerre est finie. Tu crois l'avoir gagnée !

Tu n'as pas l'instinct paternel.

Tes relations avec moi se résument, quand on se promène, à des cris, à des onomatopées que tu me jettes nerveusement comme à un petit chien ou plutôt comme à un chien de ces races que l'on dresse.

Vu qu'en Indochine, tu as « rendu service à la nation », tu as deux possibilités : ou toucher une rente indexée sur le coût de la vie jusqu'à ta mort, ou recevoir en un seul versement le solde de tout compte.

Tu choisis la deuxième option.

Il est impressionnant de voir toutes ces liasses de billets enfermées dans l'armoire blotties entre un oreiller et des draps.

Nous saute alors aux yeux l'expression : l'argent qui dort.

Avec la plus grande partie de la somme, tu as acheté cash une Citroën Dyane bleue.

Nous sommes en mars 1967. C'est ta première auto.

Pourtant, tu n'en prends pas soin. En quelques mois, déjà quatre accidents, le dernier est survenu avant-hier.

Tu viens d'envoyer à ton assureur la version des faits que tu as dictée à maman qui la rédige sans mot dire. Cela donne :

« Je partais au travail et commençais à gravir la côte du Mont quand, soudain, un véhicule venant en sens inverse, mal éclairé, m'éblouit. Je mordais l'accotement pour éviter la collision. L'herbe humide fit le reste, la voiture m'échappa et bing me voilà au fossé. Je m'en sors sans une égratignure mais la Dyane a du mal. Veuillez agréer... »

Sacré papa !

L'herbe était humide, c'est vrai !

Tu as mordu l'accotement, c'est vrai !

Tu allais au travail, c'est vrai !

Tu en ressors indemne, c'est vrai !

Et l'auto froissée, il y en a pour des sous, ledit fossé ressemblant plutôt à un vrai petit ravin !

Mais personne n'arrivait en face ou plutôt si : un lapin traversait la route et, en voulant le culbuter, tu t'es loupé.

Te voilà revenu à la maison.

Le jeannot, lui, court toujours.

Le hamac

Les Touches se situe au nord du département de Loire-Atlantique, à trente kilomètres de Nantes.

Les habitants s'appellent les Touchois. Le bourg est le contenu d'un hamac.

Son filet est la route d'Ancenis dont les deux extrémités s'attachent à deux troncs : l'un étant le mont Juillet symbolisé par son calvaire religieux, l'autre le moulin du meunier Goupil.

Au début des années 60, le petit hamac recèle une foule de commerces, ils sont plus de vingt.

Bien des corporations sont représentées, les bouchers, les charcutiers, les coiffeurs, les cafetiers, les restaurateurs, les épiciers (qui sont surtout des épicières), le sabotier, le cordonnier, le réparateur de vélos, le tabac qui fait aussi droguerie.

À la station-service, on vend aussi des magazines de tricot, *Télé 7 jours*, *Télépoche* et des illustrés pour enfants, *Akim*, *Zembla*, *Buck John*.

Nous n'avons pas le mistral, ni l'accent.

Aucun cours d'eau important, ni aucune bâtisse

historique ne la traverse, pourtant la petite commune possède des endroits extraordinaires.

Ainsi, le minuscule ruisseau, le Collinet, a des périodes de l'année où on fait semblant de le croire dangereux.

Dans son lit dorment des crocodiles qui attendent patiemment en ouvrant l'œil qu'une gazelle ou un zèbre s'aventurent sur ses berges glissantes.

Si un jeune garçon passe par là, il fera tout aussi bien l'affaire.

De grands baobabs déversent leurs ombres, des chimpanzés y font les singes, des pythons enlacent les branches, des cacatoès les décorent.

Dans la savane paissent des rhinocéros et des éléphants que des oiseaux perchés dessus comme des pinces à linge empêchent de tomber, épuisés qu'ils sont par leur poids monstrueux.

De manière générale, la localité est paisible. Enfin sauf quand tu t'en mêles.

Petit Jean

Petit Jean, c'est le copain du tout début. Il a un chien qui s'appelle Dop, comme le shampooing. Sur son cou, s'est glissée une petite tache de café qu'il tient de sa maman (fruit d'une envie quand elle était enceinte).

Sa peau est de la couleur du lait. Sa silhouette est frêle. Il est de taille moyenne, pourtant on le nomme Petit Jean !

Parfois, nous allons conduire l'ancienne voiture de son père qui se trouve dans un champ près du village du Bois-Nouveau.

Au volant de la coccinelle verte, nous voyageons pied au plancher. Les paysages défilent, les virages sont négociés à la limite de la sortie de route. Le moteur poussé à fond rugit comme le tigre de chez Antar. Les passagers peureux, assis à l'arrière, frissonnent. Les conducteurs qui nous croisent s'écartent, mordant sur l'accotement et claquant des dents.

Les gendarmes nous courent après sans jamais pouvoir nous rattraper. Nous empruntons des chemins inconnus et gravissons des pentes escarpées. Quand le réservoir est vide, nous prenons de l'essence et démarrons en trombe.

Feindre de partir sans payer est une joie pour nous.

Toutefois, l'éducation chrétienne dont on nous a imprégnés nous invite à stopper et à payer notre plein.

Il ne faut pas oublier que Petit Jean sert la messe. Le dimanche, il met sa peau blanche dans une autre encore plus blanche que lui.

Quand la mécanique chauffe ou que le périple a été trop long, nous stationnons sur le bas-côté. Le conducteur et les passagers se dégourdissent les jambes.

L'auto se repose.

Puis la course échevelée reprend... dans nos têtes.

Car le bolide est privé de roues et posé sur quatre parpaings. Sous le capot on découvre son thorax vide, le moteur a été prélevé, il n'y a pas de clef de contact et le volant bloqué ne tourne même pas.

Le père de Petit Jean a pris le maquis pendant la Seconde Guerre mondiale.

Papa, tu confrontes tes faits d'armes avec les siens.

Excursion automobile avec l'instituteur

La trois-chevaux Citroën beige de l'instituteur remplie à ras bord part sillonner les routes du canton pour rejoindre un terrain de football.

L'auto chargée de gosses, de rires et d'émotions va cahin-caha.

Le maître d'école a parfois du mal à passer ses vitesses. Il y a tellement de gamins dans l'habitacle qu'on a l'impression qu'il en a sur les genoux et que l'un d'eux est même assis sur le levier de vitesse rivé au tableau de bord.

Le châssis traîne presque à terre.

Le coude gauche à la portière, la pipe à la bouche et la barbe au menton, il pilote l'engin avec autant de vista qu'un marin aguerri dirige un trois-mâts.

Arrivé à destination, M. Couteau gare sa voiture à l'ombre d'un arbre ou au bord d'un ruisseau.

Pendant ces voyages sportifs, l'instituteur fait preuve d'intelligence. Son métier, sa vocation, nécessite qu'il en soit pourvu plus que la moyenne, alors il s'en sert en faisant abstraction du contexte scolaire.

Ses yeux, qu'il a très noirs, ne me semblent pas les mêmes selon qu'il est dans sa classe régnant en maître implacable ou dans les vestiaires de la catégorie minime, nous aidant à enfiler nos tenues disparates selon les moyens de chacun.

Papa, un midi, alors qu'il passe sur le trottoir d'en face, tu dis, je ne sais pourquoi, que tu vas lui casser la gueule.

Jacques

Au beau milieu des années 60, Les Touches se dote d'un nouveau receveur des Postes. L'homme délivreur de timbres a trois fils. Le cadet s'appelle Jacques, il entre dans ma vie. Tout frais arrivé dans la commune, il est admis à l'école des garçons Saint-Joseph.

L'année scolaire est déjà commencée, aussi l'instituteur le place-t-il au fond de la classe, près de l'harmonium.

D'entrée, Jacques s'impose. Il donne les résultats avant que le maître à la barbe sentant le tabac hollandais ait fini ses exposés. Il a la chevelure claire et les cheveux coupés en brosse. Le visage poupin mais un langage venu d'ailleurs.

Dès les premiers jours, il subjugue, il énerve, on l'envie, on le jalouse. Il m'agace.

Quelques semaines plus tard, nous sommes liés plus que bien des frères.

Chez lui, on apprend à jouer aux dames, au Monopoly, au poker et même aux échecs.

Jacques ne dédaigne pas non plus les petits chevaux et les sept familles.

Il me prête son vélo demi-course vert. Il prend celui de son frère aîné qui est jaune. Nous allons nous baigner au lac de Vioreau qui s'étend non loin des Touches.

Le père de Jacques dirige l'agence postale. Il supervise la répartition du courrier que les facteurs vont distribuer dans le bourg et dans les villages.

Le père de Jacques travaille à domicile. Son épouse vient parfois le seconder. Il a sous sa coupe le papa de Petit Jean qui, lui, bat la campagne.

Jacques dit vous à ses parents.

Il me fait découvrir la musique pop. Il est abonné à la revue *Rock & Folk*. Je lis les articles sur Éric Clapton, les Rolling Stones, Jimi Hendrix, BB King, etc.

Nous buvons des grands verres de menthe à l'eau et développons des photos (les fils du receveur ont le matériel nécessaire pour que naissent les images qui fixent des moments suspendus).

Jacques est un surdoué et, comme tous les surdoués, il cultive le paradoxe.

Ainsi, il résout un écheveau de problèmes en mathématiques ou traduit à la première lecture un texte anglais.

Et dans la minute qui suit, il s'émerveille devant les aiguilles d'une montre ou s'éclate avec le train électrique de son jeune frère en balbutiant le bruit de la locomotive.

C'est chez lui que je vois, aux jeux Olympiques de Mexico, l'athlète américain lever le poing en recevant sa médaille d'or.

Jacques est un extraterrestre, de ceux qui vident les encriers et explorent les planètes lointaines.

Les autres tachent leurs doigts d'encre.

Quand j'entre dans le secondaire, au collège public nortais Paul-Doumer, ma mère me confie à lui. Jacques me prend sous son aile.

À la cantine, il m'invite à sa table.

Jacques côtoie des plus âgés que lui. Il est en avance et certains sont en retard. Il a deux ou trois ans de moins pour l'état civil, pour l'érudition une décennie d'avance.

Le fils du receveur des Postes se comporte parfois comme un gosse mais il force le respect d'autrui par l'étendue de ses connaissances. Il se balade dans la cour du collège, blouse ouverte et manches retroussées. Il lui arrive de potasser, sur le pouce ; souvent, il conseille ses camarades et aide aussi certains garçons et certaines filles des classes inférieures.

Jacques est une encyclopédie vivante et mobile. On vient de tous les coins de la cour pour le consulter. Jamais il n'éconduit personne.

Il me fait penser, quand il parle, aux tribuns des manifestations estudiantines haranguant des foules assises que l'on a vus à la télé, amassées au Quartier latin.

Même les professeurs tombent sous son charme.

Ils ou elles s'adressent à lui presque comme si c'était un collègue.

Heureusement, papa, que tu ne sais rien de ce que je fais pendant des heures chez lui.

Sinon, il y aurait longtemps que tu m'aurais interdit d'y aller.

Mes grands-messes

Tous les dimanches, je vais à la messe. Je trouve que l'Évangile est une belle histoire mais que l'office est long.

Maman m'habille simplement, elle fait ce qu'elle peut.

Quand la cérémonie religieuse est finie, j'accours à la maison.

Deux émissions d'une demi-heure captivent mon attention.

« La séquence du spectateur », que présente Catherine Langeais, condense trois extraits de films.

« Discorama », animé par une fine dame brune qui pose des questions essentielles à son invité issu du milieu de la chanson, me passionne aussi.

Denise Glaser est une des premières personnes qui ait compté dans ma vie. Elle avait la pudeur de laisser durer les silences ou les hésitations de son interlocuteur. Et c'est nous qui étions interpellés.

Cris et silences

Jusqu'en CE2, ma scolarité se passe normalement. Mais en CM1, à l'école, j'ai déjà la tête ailleurs.

Les épreuves subies par un enfant le font vieillir plus vite. Ses sens s'aiguisent et sa résistance mentale est mise à contribution.

Quand je redouble mon CM2, j'ai onze ans. À l'école, je me bute.

Plusieurs fois, l'instituteur doit user de sa force pour me ramener à la raison. Déjà, à la maison, j'ai subi, moralement surtout, parfois physiquement les foudres paternelles.

En 1969, il me faut passer un examen pour savoir si j'ai le niveau sixième. En cas de réussite, je vais intégrer un collège du chef-lieu de canton. Je vais aussi passer du privé au public.

Papa a dit : « Je n'ai pas les moyens de lui payer des études ! »

Je vais attraper douze ans et déjà il me dit qu'à mon âge il travaillait.

Pour une peccadille ou à cause d'une chose que je n'ai pas faite ou mal faite, papa, ce soir tu me bats.

Tu me dresses les côtelettes, comme tu dis. Mes oreilles bourdonnent, elles sont toutes rouges.

Tu argumentes, tu bonimentes.

Enfin, tu parachèves la séance en saisissant des objets.

Elles sont deux. Une est de droite, l'autre de gauche, pourtant elles se tiennent enlacées. Tu t'aides d'elles comme de projectiles. Les recevoir sur les omoplates ou au creux des reins fait mal, très mal.

Elles, ce sont des Adidas, de vieilles chaussures de foot, taille 43, que j'ai puisées dans la malle de Marianne qui les vend. Mais pour moi, elles sont gratuites.

C'est terrible : recevoir une correction de la part d'un objet qui est censé représenter le sport.

C'est terrible : d'un instrument qui symbolise la fraternité, tu as fait un ustensile de punition, presque de torture.

L'avantage : elles ne laissent pas de traces.

Tu hais les cheveux longs. Déjà, tu t'es muni de ciseaux que tu as emmenés au travail pour tailler les mèches de certains de tes jeunes compagnons. Alors moi, je n'y coupe pas. Tu possèdes une tondeuse.

En un quart d'heure, me voilà avec le moral et la boule à zéro. Je suis devenu moine Frankie.

La plupart des garçons de l'époque — c'est la période des hippies — ont les cheveux longs ou mi-longs. Très peu les ont courts. Personne ne les possède aussi ras.

Le soir, dans mon lit, je m'invente une mèche qui me barre le front et me tombe sur les yeux.

À l'aide d'un mouchoir que je m'installe sur la tête, je feins de posséder une chevelure abondante. Je laisse tomber un coin du coton sur mon front que je repousse vers le haut de ma tête à coups de mouvements de tête vengeurs.

Et si j'en finissais

Un jour, tu me pousses tellement à bout que, portant mon courage du haut de mes treize ans, je te réponds :

« J'en ai marre, je vais me suicider, ras le bol du climat qui règne chez nous, de ma scolarité que tu me saccages et que j'en viens à saborder moi-même. »

Quand on est enfant et que l'on vit cela, on a honte et l'on garde tout pour soi.

Pourtant, quelquefois ce secret, cet affreux secret, on a envie de le confier à quelqu'un, de se soulager.

Aussi, il m'est arrivé de m'ouvrir à un ou deux camarades, non pour dénoncer mais pour recevoir un peu de réconfort.

Bien mal m'en a pris : je fus soupçonné d'être un affabulateur, que cela ne pouvait pas être possible. Que cela se saurait.

J'éprouve de la crainte quand je m'adresse à toi.

Pourtant, je vaincs ma peur afin d'essayer de nouer des relations affectueuses avec toi. Hélas, souvent, le dialogue tourne court.

Ne pas avoir de choses comme les copains (livres et vélo), ne pas porter de beaux habits (pantalons trop courts au lieu des pattes d'éléphant, chaussures lourdes au lieu des Clark), c'est parfois dur, mais ce n'est rien à côté de ton indifférence. De ta méchanceté souvent.

Que de ressentiment tu as à mon égard !

Qu'ai-je fait pour mériter un tel traitement ?

Jour de foot

Nous voilà toi et moi partis à la pharmacie de Joué-sur-Erdre.

Tu achètes le médicament.

Comme les six kilomètres parcourus de chez nous à l'officine t'ont assoiffé (bien qu'ils fussent effectués en voiture), tu décides de te désaltérer à l'auberge du Lion d'Or.

Le tenancier te connaît.

Tu t'accoudes au bar et tu m'assieds sur un tabouret.

Tu t'allumes une gauloise maryland (paquet vert pâle) et commandes une chopine de rouge.

De l'autre côté du zinc, se tient un jeune homme de vingt et un ans, né le même jour que ton fils, mais dix ans plus tôt.

Tu le reconnais tout de suite, tu te diriges vers lui et lui serres la main, tu le convies à prendre quelque chose. Il accepte.

Les exemplaires de *But* et de *France Football* aux nouvelles fraîches attendront.

Comme ton interlocuteur se trouve en photo sur l'un des titres, tu lui demandes un autographe.

Il paraphe avec le crayon que tu lui as prêté et qu'il te rend aussitôt.

Fébrile et gai, tu consens à penser à moi.

Tu commandes un petit diabolo menthe.

Tu parles un peu avec ton jeune interlocuteur qui te répond joliment, la voix peinte par l'accent provençal.

Tu paies la revue, nos verres, celui du jeune monsieur dont tu as tenu à ce qu'il inscrive mon prénom en prologue de la dédicace.

Tu lui serres la main et lui agrippe la mienne avec douceur ; nous sortons.

Dans l'auto, tu relis, me prenant à témoin, la phrase crayonnée sur la revue sportive.

Au petit Franck, amicalement...
Henri Michel

En général

Novembre 1970, tu es assis au milieu de la cuisine, noyé par le chagrin. Le général de Gaulle est mort.

Noyé aussi par l'alcool, tu as bu pour l'oublier sans doute.

Tu te prends la tête entre les mains et tu t'adresses à moi.

Tu dis qu'il était comme ton père.

Que la France est foutue.

Que les Russes viendront jusqu'à Paris, peut-être les Chinois (tu me diras : les Auvergnats y sont déjà).

Tu aimes Pompidou, maman préfère Poher, elle lui trouve une bonne tête.

Tu aimes aussi Chaban-Delmas, Claude François, Dalida, Jacques Martin et la bagarre.

Tu ne parles pas de politique sauf pour dire que les communistes ne « passeront » jamais en France. Maman en a une peur bleue.

Je ne t'ai pas entendu exprimer de propos racistes. Il faut dire que le plein emploi règne et les étrangers du canton sont surtout plaisantés quant à leurs faciès et à leurs origines.

Par contre, tu es critique vis-à-vis de celui-ci qui se remarie à l'église après avoir divorcé ou de ce couple qui n'a pas d'enfant, parce que, pour toi, ils n'en veulent pas alors qu'en réalité, ils ne peuvent pas.

Ton sectarisme est impitoyable.

La partie de cartes

En ce dimanche matin, tu joues aux cartes dans le café de Marie-Paule.

Il y a M. Chauvet, l'ex-secrétaire de mairie, M. Picaud, le couvreur, M. Marchand, l'ancien épicier, et toi.

Tous les quatre, vous êtes attablés en train de jouer à la belote. Quelques connaisseurs, des curieux un peu plus nombreux sont accoudés, presque à vous toucher.

À vos côtés, sagement rangés, les paquets de cigarettes, d'allumettes et les briquets tiennent compagnie aux verres et aux chopines.

De neuf heures un quart à midi trente environ, tu vas rester là, faire plusieurs parties, fumer presque un paquet et boire de façon modérée.

Nous sommes à la fin du mois. Tu n'as pas beaucoup d'argent. Et ceux avec qui tu joues consomment raisonnablement. Je suis sûr que, ce midi, ils te rendront impeccable ; ils ont tous l'âge d'être ton père, et à travers eux, tu recherches le tien.

Alors, tu viendras avec nous manger le pot-au-feu dans le plat de côtes dont nous nous régalons cinquante-deux dimanches par an.

Le dernier voyage ?

Nous sommes un soir d'hiver au début des années 70.

L'atmosphère est humide. Le vent souffle. Il descend des trombes d'eau.

Maman ne va pas bien. Pour la punir, pour l'humilier, tu décides de l'emmener voir ta mère pour qu'elle constate de visu à quel point tu as une mauvaise épouse.

Nous nous engouffrons tous les trois à l'intérieur de la Dyane. Tu conduis pied au plancher. La Citroën rugit. Elle est au maximum. Elle a atteint l'incroyable vitesse, pour elle, de 120 km/heure. Elle tangue dans les virages, secouée par les intempéries.

Nous arrivons et montons chez grand-mère.

Tu la prends à témoin, indigné.

Loin de t'approuver, elle te rembarre.

Ta mère, debout sur ses soixante-dix ans passés, t'assène en pleine figure ce que tu mérites. Elle est sévère. Elle seule peut se le permettre.

Elle refroidit ton enthousiasme. Sadique, tu avais torturé maman pendant tout le trajet.

L'entrevue tourne court. Elle dit, d'un trait bien ajusté : « Tu n'es pas mieux. »

En bredouillant quelques formules de politesse, nous dévalons les escaliers. Nous sommes dehors, puis dans la voiture.

Tu démarres en trombe.

Au lieu de repartir vers chez nous, tu prends la direction opposée. Le vent mugit. Les herbes se couchent. Tu es humilié. Les fossés se noient. La Dyane tangue. Tu conduis comme un fou.

Je n'ai jamais vu des arbres défiler aussi vite. Tu écumes de rage et traites ta mère, ta femme et moi de tous les noms.

Une coulée de salive apparaît sur le bord de tes lèvres : ce n'est pas bon signe. Tu ne fumes pas, ça n'est pas plus encourageant.

L'auto sanglote et semble te supplier de ralentir quand tu rétrogrades au dernier moment dans les virages accentués. Tu freines rarement à bon escient. Tu conduis à tombeau ouvert. Assis à l'arrière, je n'en mène pas large.

Nous arrivons à un pont qui enjambe la Loire. Tu obliques à droite. Nous longeons le fleuve. Je frémis. Depuis que nous avons quitté ta mère, tu ne cesses de répéter que tu as pris cet itinéraire pour en finir. Tu projettes de nous convier à participer à ton dernier voyage qui sera aussi le nôtre. Je vois vos nuques.

Tu n'arrêtes pas de te répandre en plaintes et en

injures. Maman, résignée et victime, se tait. Moi, je prie.

Je pense à Petit Jean, le fils du facteur, mon meilleur ami.

Je songe à l'équipe minime de foot dont je suis ailier gauche.

Je me rappelle le collège Paul-Doumer et le conseil de mon professeur de français : « Plus tard, tu pourrais être journaliste ou écrivain. »

J'ai envie de pleurer. Je me retiens. Si papa voit cela dans le rétroviseur, cela risque d'attiser sa rage.

La nature se déchaîne. Le spectacle est inquiétant.

La Loire est menaçante. On dirait un film d'horreur. Nous allons vers la mort sans mot dire.

La Dyane est prête à se transformer en linceul. Quelques mouettes perdues, sourdes et aveuglées font figure de vautours. Des péniches semblent prêtes à larguer les amarres.

Papa, tu dis à chaque instant que tu en as marre.

À chaque sentier qui s'ouvre sur les bords de la route, je frémis. Tu dis que tu as choisi l'endroit idéal, le coin sublime, pas pour pique-niquer non, pour se tuer en famille. Tout à coup, le temps s'apaise.

La Loire se dégonfle. Toi aussi.

Nous rentrons.

Une demi-heure après, je suis dans mon lit. Nous l'avons échappé belle. Je pleure sans retenue. Ce sont des larmes à la fois de chagrin et de joie.

Demain, il y a école.

On demande des volontaires

Il y a trente ans, le bénévolat en ce qui concerne le transport des jeunes footballeurs que nous sommes se résume à trois prénoms : Jean, le père de Michel, Marcel, le père d'Hervé, et Arsène, celui de Patrick. Comme des métronomes, les trois hommes nous embarquent dimanche après dimanche à bord de leurs autos.

Demain, Jean ne pourra pas, il a un empêchement.

Aussi, cet après-midi, il est venu à la maison.

Tu y es, ce qui est rare. C'est un samedi.

Tu as entrepris de bêcher le petit lopin de terre qui s'étend, sauvage, devant notre porte.

Jean est heureux de t'y trouver. Un peu gêné, il pose sa demande :

« Pour demain, serait-il possible que tu fasses le transporteur ? » (Ce serait la moindre des choses puisque tu ne le fais jamais.)

Tu as dit : « Oui. »

Tu es un peu chaud, mais pas trop.

Jean est parti.

Tu dis : « Demain, je donnerai mes jeux de PMU à Maurice, il les validera pour moi ! »

Le lendemain à neuf heures moins le quart, nous partons.

Nous allons à Ligné.

Tu es bien.

Je suis bien.

Tu es gentil avec mes camarades.

Nous arrivons au stade.

Déjà, tu t'en vas.

Tu as dit hier soir à maman : « Pendant le match, j'irai voir ma mère. »

Le match se déroule.

Il se termine.

Nous avons perdu trois à deux.

Nous ferons mieux la prochaine fois.

Nous rentrons, tu es toujours bien.

Les gars te disent merci.

Nous rentrons à la maison, tous les deux, côte à côte, pourtant je te sens loin de moi.

Nous mangeons, je fais gaffe.

Tu surveilles, tu épies. Mais il ne s'est rien passé.

C'est déjà beaucoup.

La collision

Tu rentres tard, ce soir-là.

Tu gares mal ta Citroën.

Tu ne dois pas être très frais car j'ai entendu les pneus râper le bord du trottoir.

Le petit bourg des Touches sue, harassé par une chaleur lourde et suffocante.

Tu descends de ta voiture, un véhicule dévale le mont Juillet.

Tu juges sa vitesse excessive : te voilà posté au milieu de la route, ivre de colère. Ivre d'alcool surtout.

Le conducteur surpris freine mais ne peut t'éviter.

Te voilà allongé sur la chaussée. Le choc fait accourir les voisins.

Tu gis inanimé, on dit que tu respires.

On dit que tu vas peut-être mourir, tu suffoques, tu étouffes.

Un automobiliste de passage t'ouvre l'épiderme pour, dit-il, te permettre de respirer.

Les secours arrivent, ton sauveur s'en va.

On t'emmène au CHU de Nantes.

Alain, le menuisier et pompier bénévole, conduit le camion.

Le jeune couple présent à bord de la petite Renault quatre se confond en excuses auprès de maman.

Ils ne comprennent pas, ils sont choqués, ils disent :

« Le monsieur a surgi brusquement et s'est immobilisé au milieu de la route, le temps de réaliser, nous étions sur lui... »

La petite foule s'évanouit.

Le couple reprend sa route après que les constatations d'usage ont été faites par les gendarmes de Nort-sur-Erdre.

Resté à la maison, je prends des nouvelles à travers maman qui revient.

J'ai souhaité parfois ta mort. Tu es en grand danger. Pourtant, je pleure.

Je ne veux pas que tu partes pour toujours.

Coups et blessures

Dans l'escalier de bois qui monte aux chambres, vous êtes là tous les deux.

Maman habillée de noir est allongée sur les marches couleur acajou.

Sa tête repose sur la dix-septième marche, ses pieds râpent la onzième.

Elle vient de tomber et elle tente de se relever.

Tu fais tout pour qu'elle n'y arrive pas : tu la prends par les épaules et la hisses un peu plus haut.

Elle glisse à nouveau pour essayer de t'échapper.

Ses genoux pianotent sur les marches qui se font funèbres. Ses collants filent.

Elle tente de s'agripper à la rambarde à l'aide de ses doigts longs et fins que tu écrases avec les talons de tes grosses chaussures.

Ses yeux hagards cherchent autour d'elle du secours.

Elle rampe, comme une biche que l'on aurait blessée.

Elle cherche son salut qui s'appelle son lit.

Tu marches sur elle, tu la boxes, tu la secoues, tu la retournes.

Ses yeux se révulsent, son corps bleu se convulse.

Elle te supplie d'arrêter en demandant pardon.

Papa, tu es injuste.

Tu frappes ta femme, ma mère. Et pourquoi ?

Pour quelques centimes, alors que toi, tu dilapides tous les jours l'argent.

Papa, tu es seul et nous sommes là pourtant.

Tu te réfugies dans les cafés en quête d'une chaleur humaine, d'une France cosmopolite.

Mais, comme de toute bonne chose, en abuser conduit à des excès.

Quand tu surgis dans la maison, même les rideaux des fenêtres se tiennent à carreaux. La terreur commence.

Papa, le verbe haut et l'écume aux lèvres, tu divagues en improvisant des monologues vengeurs.

Nous, les sujets, bouche sèche et cœur battant, nous écoutons passivement, craignant l'explosion.

Toujours les mêmes refrains.

Ceux qu'on a entendus hier.

Ceux qu'on entendra demain.

Te voilà fakir

Un dimanche de printemps de l'année 1972.

La journée a été chaude pour la saison. Les chênes centenaires qui bordent le terrain des sports frissonnent, baignés par un petit vent tiède.

Je suis en cinquième. J'ai du mal mais je m'accroche.

Toi, ce matin, tu étais à Nort.

Tu es rentré à treize heures à la maison.

Tu m'as croisé à hauteur de la petite barrière.

Tu m'as dit : « Où vas-tu ? »

Comme si tu ne le savais pas !

Je file au terrain de foot à treize heures trente jouer la réserve et à quinze heures viendra le tour de la première.

Je t'ai vu arriver vers quatorze heures au bar et je me suis éloigné.

J'ai continué de suivre la rencontre tout en observant ton attitude. Tu t'es partagé entre trois occupations : lever le coude, jeter les bras au ciel et pester à l'endroit de l'arbitre.

Je n'aime pas quand tu es comme ça : on se détourne pour te regarder.

Certains t'approuvent, d'autres se fichent de toi.

Dix-sept heures sonnent au clocher. Avec les copains, nous jouons dans le but du fond : celui qui est à l'opposé du bar.

L'herbe y est plus abondante.

Je fais attention de ne pas tomber pour ne pas salir mon short. Je prends garde aussi de ne pas abîmer mes chaussures du dimanche. Peu à peu, les spectateurs et les acteurs du match quittent l'enceinte à bord de leurs autos ou à pied.

Il est maintenant dix-sept heures trente, je jette un œil vers le bar tout proche.

À cent mètres de moi, je discerne un petit attroupement.

Une vingtaine de personnes s'agglutinent comme des mouches sur une tartine de confiture.

Elles se hissent sur la pointe des pieds, je t'aperçois, ta tête dépasse, c'est toi que l'on regarde !

Je laisse tomber mes camarades, je shoote une dernière fois dans le ballon au cuir élimé que les grands nous ont prêté.

Il heurte le poteau droit des buts puis sort.

Je me dirige vers le bar discrètement, je longe le ruisseau.

Je te découvre devenu fakir. Des aiguilles te traversent les joues, d'autres ont investi tes bras.

J'allonge le pas pour m'en aller chez nous.

Je ne veux pas que l'on me voie, je ne veux pas que tu me voies.

Toi pâle, aussi blanc que certains morts, en état de transe, tu continues ta démonstration d'acupuncture.

Arrivé à la maison, j'allume la télé, le film du dimanche est déjà commencé.

Tu surviens trois quarts d'heure plus tard.

Toujours aussi blanc, des gouttes de sang perlent, ici et là, que tu essuies en te servant de ton mouchoir de coton à carreaux.

On dirait un vampire.

Le mouchoir est aussitôt maculé de rouge.

Tu le mets avec le linge sale.

Tu t'enfuis au café.

Comme toujours puisque c'est ta deuxième maison.

L'interrogatoire

Ce midi, relevé du compteur électrique !

Au dos de ton paquet de gauloises, tu as noté le nombre de watts inscrit sur le cadran.

Ce soir, tu rentres à vingt et une heures quinze de ton travail. Presque trois heures après avoir débauché. Tu dînes rapidement en maugréant parce que, maman et moi, nous regardons la télé.

Tu pestes sur le fait que, dans le frigo, il n'y a pas grand-chose.

Tu es entre deux vins mais ce soir, comme beaucoup d'autres, du côté de celui qui est méchant.

Tu te rappelles ce midi.

Tu te fais à nouveau agent EDF improvisé et exploses à la vue du chiffre qui apparaît sur le compteur.

Tu éteins la télé et demandes à ce que je passe dans la pièce d'à côté.

L'interrogatoire va bientôt commencer.

Au milieu de la pièce, environ seize mètres carrés, vide de tout meuble, tu disposes une chaise.

Tu me pousses à m'y asseoir prestement.

Tu tournes autour de la chaise.

Tu entames les questions.

Tu me préviens en m'invitant à bien réfléchir.

Tu me demandes de préciser avec exactitude mon emploi du temps de cet après-midi. Je sais ce qui m'attend.

Tu me précises qu'après tu vas confronter ma version des faits avec celle de maman. Si elles sont concordantes, ça ira.

Sinon, gare à moi. Tu es le grand inquisiteur.

Posément, je ramasse dans ma tête tous mes faits et gestes en évitant d'oublier quelque chose.

Le foot avec les copains, la télé, le goûter.

Tu me demandes avec qui j'ai joué. Quelle émission j'ai regardée ? De quoi se composait mon casse-croûte ?

Tu me traites de menteur quand je parle du temps passé devant la télévision.

Les watts avalés depuis ce midi ? C'est moi le coupable, forcément, qui d'autre ?

J'ai dû suivre plus d'émissions que je ne l'avoue.

Je t'assure que non.

Tu me tournes autour sans cesse, plus rapidement, avec insistance.

Toi, militaire français, dépêché en Extrême-Orient, moi, vietcong capturé et soumis à la question. Toi, avoir les moyens de me faire parler.

Tu te délectes en te rendant compte de la gêne puis de la peur que tu suscites en moi.

Tu hausses le ton. Tu ajoutes quelques méchancetés quant à mon physique.

Heureusement, maman, qui est forte ce soir, intervient.

Elle corrobore mes dires et m'apporte un alibi.

Je n'ai pas avalé les watts, je ne les ai pas cachés.

Elle dit, ce qui est vrai, qu'elle a repassé deux bonnes heures et effectué deux tournées de linge.

Papa, tu te calmes. Recroquevillé, brusquement dans ton coin, tu te tais.

Tout juste m'ordonnes-tu d'aller me coucher.

Demain, avec l'école, c'est la délivrance qui reviendra.

À mon chevet

C'est un samedi soir d'automne des années 70.

Petit miracle, tu es bien.

Pour ma part, c'est très rare, je suis au lit avec quarante de fièvre.

À vingt heures trente, au stade Marcel-Saupin, le FC Nantes reçoit Bastia.

Nous sommes au début du mois, tu as de l'argent. Tu meurs d'envie d'y aller.

Maman est d'accord, elle dit toujours oui.

Tu parles avec moi, c'est si rare.

Tu parles doucement, est-ce par intérêt ?

Tu me questionnes de façon inoffensive : « Connais-tu des gars qui vont voir le match ? »

Ta voiture est en réparation, elle est plus souvent au garage qu'entre tes mains.

Je réfléchis : le fils du menuisier doit s'y rendre.

Je poursuis : « Vu l'heure qu'il est, si tu te postes près de la maison de ses parents, tu pourrais le trouver et lui demander. »

Tu m'écoutes et tu tombes pile dessus.

Tu lui fais signe et formules ta demande.

C'est OK, il va seul à Nantes (les autres sont déjà partis mais Alain, qui a pris la succession de son père, se devait de finir un meuble qu'on lui avait commandé).

Ta présence lui fera de la compagnie.

Déjà, tu te retrouves harnaché à ses côtés.

Le jeune garçon possède une Simca rallye deux munie d'arceaux.

Il aime conduire vite.

Il va vite.

La quarantaine fraîchement passée, tu restes silencieux.

Toi, si brave dans certaines situations, moins dans d'autres, tu n'en mènes pas large.

L'aiguille du compteur flirte avec les cent quarante.

On a beau se dire qu'Alain à cette vitesse n'est pas plus dangereux que le père Machin à bord de son tracteur à quarante à l'heure, quand on est dans l'habitacle à la place du « mort », on devient plus humble.

On parle au conducteur pour se rassurer, en souhaitant qu'il lève le pied.

L'aller se passe bien.

Le match aussi, Nantes s'impose un but à zéro.

Le retour s'effectue sans problème.

Alain t'offre deux verres dans sa cave, te rendant les deux que tu lui as payés à la mi-temps.

Tu rentres chez nous.

Assis sur le bord du lit, alors que vingt-trois heures

quinze sonnent au clocher de l'église des Touches, tu me rends compte du résultat.

Ce soir, tu es tranquille.

Ce soir, tu me parles. Tu es un père presque comme les autres.

Des larmes coulent sur mes joues, une torpeur m'envahit.

Ce n'est pas la fièvre, juste un peu de bonheur.

Le malaise

Même si l'émotion m'étreint chaque fois, il faut que j'essaie de lui parler, de lui parler comme n'importe quel fils le fait avec son père. Ce jour-là, je m'obstine.

Je dois tenir.

Un jour on aura peut-être des relations normales. Il le faut.

Il n'est rien de plus assourdissant que le silence.

J'ai tenté de nouer le dialogue car, il y a quinze jours au petit matin, tu as fait un malaise.

Le voilà, lui le Michel, affalé sur le ciment froid de la cuisine. Son cœur a dû défaillir. Maman lui parle, se rassure et le rassure avant de courir en face de chez nous, chez le boucher.

Elle téléphone de chez lui au docteur Giguet. Le médecin arrive peu après.

Papa est toujours là. Maman l'a recouvert d'une couverture écossaise. Elle a glissé un oreiller entre le sol glacé et sa tête brûlante.

Ce matin-là, une averse d'amour arrose leurs univers de violence.

Papa a peur d'y passer. Maman a peur qu'il meure. Elle ne pense plus qu'à le sauver.

Que papa a changé, il fait pitié.

On dirait un jeune faon apeuré par l'ombre d'un prédateur.

Mais il est costaud. Il s'en sortira. Et tout continuera.

La partie de pêche

Aux Touches, dans un quartier qui s'appelle la Maison-Neuve, il y a un pré appartenant à Christophe.

Il est agriculteur et s'apprête à prendre la succession de ses parents. Ceux-ci, après des années de dur labeur, vont se retirer pour enfin se reposer.

À force de se pencher sur les sillons de leurs terres, ils ont vu leurs corps peu à peu se déformer.

Malgré leur condition modeste et leurs souffrances, ils font partie de ceux qui se tiennent droits.

Christophe a le même âge que papa.

Contrairement à lui, il a son certificat d'études, il n'a pas fait la guerre, il ne boit pas, ne fume pas et parle d'autrui avec modération.

Nous allons chercher notre lait chez Christophe qui est marié et père de deux filles et d'un garçon.

Un jour, pour me remercier des services que je rends (ainsi je fais l'appoint à ceux qui paient au jour le jour), il propose :

« Si tu veux, petit Franck, venir avec ton père pêcher dans notre mare, il ne faut pas hésiter. »

Il poursuit :

« Je crois qu'il doit y avoir de belles pièces. »

Comme nous sommes en vacances tous les deux, tu décides que demain nous partirons à l'aube.

La nuit se passe calme et paisible, que c'est bon !

Si cela pouvait durer, quelle heureuse vie nous aurions !

Le lendemain, nous sommes sur place alors que l'obscurité résiste en vain au jour qui pointe. Une brume légère court sur l'herbe et enveloppe les haies.

De petits insectes suspendus campent ici et là. Ils se déplacent comme s'ils jouaient à la marelle. Des moustiques sur l'eau patinent avec un vrai talent.

Un remous naît, c'est un gros rat que nous avons dérangé. Il se hisse sur la berge en face de nous, nous jette un regard dédaigneux, puis, avec une démarche chaloupée, disparaît dans un buisson.

Le jour est là.

Tu montes les lignes sur nos gaules de bambou. Tu décores les hameçons de vers de terre gras et vigoureux. Tu les tends après avoir jaugé la profondeur du plan d'eau fleuri de nénuphars et bordé de roseaux.

Maintenant, les bouchons dérivent. Légèrement en retrait, je t'observe.

Tu t'allumes une gauloise puis tu passes les mains sur tes cuisses avant de décider de lever les lignes pour les retendre en d'autres endroits.

Tu t'assures que les appâts n'ont pas trop souffert.

Tu t'aperçois que non, ils sont intacts. Tu te racles la gorge. La fumée de la cigarette file vers le soleil levant.

Tu postillonnes car un brin de tabac s'est faufilé entre tes dents.

Un corbeau géant nous survole en gueulant. Deux grenouilles bâillent en coassant.

Je songe.

Depuis que tu as ralenti ta consommation d'alcool, c'est quand même mieux.

Tu restes agressif et pointilleux mais les soirées sont moins dévastatrices.

Je ne recherche pas un papa idéal. Un moins violent me suffirait.

Plus d'une heure et demie que nous sommes là.

L'eau plane frissonne sous l'effet d'une sorte de houle.

Au loin, une tourterelle roucoule de bonheur.

Les mains sur les hanches, tu regardes un camion frigorifique qui passe sur la route.

Une libellule hélicoptère se pose sur le bouchon rouge. Soudain, elle décolle, le leurre plonge, je sursaute et t'avertis :

« Papa, il y a quelque chose ! »

Tu ferres.

Le scion décrit un arc de cercle. Le fil, du 30/100e, se tend. Tu fais aller la ligne à gauche, à droite. Avec dextérité, tu rapproches l'hameçon du rivage.

La bête capturée joue de la queue. Elle crée des vagues qui s'en viennent mourir à nos pieds.

Enfin, nous la voyons. Sa bouche épaisse et goulue nous apparaît puis son corps recouvert d'écailles scintillantes, puis encore sa queue frétillante.

Tu jubiles. Tu dis : « C'est une carpe, elle fait bien trois livres. »

Tu dis encore : « Tu vois, mon gars, il y a bien de la poissecaille là-dedans. »

Un frisson me déchire : tu m'as appelé « mon gars ».

Trente ans après, en l'écrivant, des larmes m'empêchent de continuer à taper.

J'aimerais tant t'avoir en face de moi.

Ultimatum

Il y a deux mois, alors que tu étais saisi d'une crise de rage, comme cela t'arrive souvent, je t'ai rétorqué : « Je vais me suicider. »

Ras le bol de cette enfance meurtrie, de cette scolarité qui est un naufrage, des copains qui ne viennent jamais à la maison et de la honte que tu m'as faite l'autre jour, à l'entraînement de foot, où, devant une trentaine de joueurs, tu as insulté copieusement notre dévoué entraîneur, évoquant de façon insidieuse sa vie privée qui au fond ne te regarde pas.

Les larmes aux yeux, j'ai voulu rentrer aux vestiaires. Des aînés m'en ont empêché :

« Tu n'es pas en cause », ont-ils dit.

« Ton père, on le connaît, laisse faire. »

Une fois tes litanies assassines vomies, tu es parti en maugréant.

Je suis bouleversé mais tu me fais pitié.

Je prie l'instructeur de m'excuser. Il me rassure en me passant la main sur la tête.

Un brave homme. Il m'apaise.

Claude

Claude est un quadragénaire qui travaille à EDF et ne s'en plaint pas. Il vient d'acquérir, en ce début des années 70, une Citroën DS 21 de couleur crème aux sièges en tissu rouge.

Claude vit au village de La Cohue, le lieudit porte bien son nom car, vers midi, le dimanche en leur domicile, il y a foule.

Tant que dure la saison footballistique, Claude convie les joueurs de l'équipe première touchoise, ainsi que les épouses ou fiancées qui le désirent, à un repas d'avant-match.

Il dit que cela apporte de la cohésion à l'ensemble. Il dit aussi que cela resserre les liens, que cela sert à mieux se connaître.

Il dit tant de choses, enthousiasmé par sa passion pour le football, si exacerbée quelquefois que cela en devient de l'amour, tourmenté et tortueux par instant.

Claude a une femme discrète et gracieuse.

Il a une maîtresse possessive et versatile, la balle de

cuir cousue main qui, pour les adeptes du jeu offensif, doit terminer sa course le plus souvent possible au-delà de la ligne délimitant la base du rectangle des poteaux de buts.

En échange d'une mince participation financière, les joueurs et leurs compagnes ont droit à une collation sans artifice mais consistante.

Claude est fou de foot.

C'est un précurseur, il innove et se dévoue pour ce sport qu'il pratique encore, ne pouvant se résoudre à raccrocher ses crampons.

Sa réputation a aisément dépassé les limites du département.

Il crie, il s'emporte, se ronge les sangs, a de légers malaises, se rassure en parlant avec autrui.

Il chausse du 37. Il a de petits pieds pour un homme mais grands pour un huit et demi, de un neuf trois quart (on ne peut lui attribuer un numéro fixe tellement il court ici et là). Il sait distribuer une passe au centimètre près.

Ces derniers temps, il ne s'octroie que le rôle d'entraîneur treizième homme... Il rentre en jeu de plus en plus tard. Non pas que le feu qui brûle en lui s'éteint, mais ce sont les crampes qui de plus en plus vite et lâchement le martèlent telles des louves affamées.

Il se rend compte qu'il diminue mais, en s'aidant de sa mauvaise foi, il se persuade que, dans huit jours, cela ira mieux.

Il a doté l'équipe première d'un nouveau jeu de

maillots. C'est la réplique exacte de ceux portés par le club hollandais de l'Ajax d'Amsterdam.

L'équipe portuaire balaie tout sur son passage. Tout le monde attaque, tout le monde défend, on prône le football total.

Aux Touches, toute proportion gardée, Claude demande de la part de ses joueurs amateurs la même débauche d'énergie, assortie d'une certaine discipline de vie.

Il n'est pas rare de le voir venir rabrouer au café un jeune joueur qui, doué certes de ses pieds, l'est aussi un peu trop pour lever le coude.

Certains samedis tantôt il organise des tournois inter-entreprises. Des anciens professionnels qu'il a connus quand il jouait à Nantes viennent y participer. Il en fait la publicité en l'écrivant sur des affiches Kronenbourg données par le marchand de boisson. Il distribue tout cela dans les commerces.

Claude fait beaucoup pour son sport favori. Il en fait trop. On le critique. On le jalouse. On le conspue.

Mais aussi, on le respecte, on l'écoute, on l'admire.

Il ne laisse personne indifférent.

Certains l'ont viré. Les mêmes sont revenus le chercher.

Eux ont l'envie, lui a la passion.

Claude est de ces personnages qui, dans leur domaine, font avancer les choses.

Monsieur, merci pour tout.

Ne t'endors pas

Avant de rentrer chez nous, tu as parfois bon cœur.

Quand tu arrives chez nous, ton bon cœur, tu le fourres au fond de la boîte à gants de la Dyane ou au creux d'une sacoche de ta mobylette. Il ne reste plus que la hargne.

Nous revenons de je ne sais où.

Tu n'es pas très très en forme. On sait ce que cela veut dire.

Il fait nuit noire.

Tu conduis la Citroën sans rien dire. Le moteur ronronne. Des conducteurs qui te croisent t'aveuglent de leurs phares. Tu pestes après eux, en faisant de même.

Le silence revient dans l'habitacle.

Maman ne dit rien.

Je te parle car j'ai peur que tu t'endormes, je te cause de futilités, de choses qui ne peuvent t'agacer.

Comment fais-tu pour ne pas être aveuglé ? Et ceci, et cela. Tu me réponds à ta façon : tu me dis de la fermer.

Nous arrivons sans encombre chez nous. Ce soir, la mort ne voulait toujours pas de nous.

Le nègre

De douze à seize ans, mes années sont terribles.

Je les supporte difficilement sans pour autant me plaindre.

Est-ce la censure qui provoque en moi cette frénésie d'écriture, toujours est-il que je compose des textes à l'avance sur tous les sujets.

J'ai ainsi une réserve dans laquelle je puise selon la demande en écrivant pour les autres.

Parmi mes commanditaires, il est deux camarades qui mourront de mort violente avant d'atteindre leurs vingt ans.

Un autre, qui vient de perdre sa mère et qui voit son père à la dérive, va fréquenter le « milieu » nantais.

Des filles aussi me demandent de faire le nègre.

L'une d'elles se destine à la carrière d'enseignante, je le sais, elle connaît ma blessure.

On dirait que ses commandes sont faites pour que je croie que, si elle réussit, ce sera un peu grâce à moi.

Comme toute peine mérite salaire, on me donne environ un franc par texte ; certains, plus.

D'autres n'ont pas les moyens de me verser quoi que ce soit, je leur délivre tout de même le précieux sésame.

De ma facilité, je ne fais pas une histoire d'argent ni un motif de vantardise.

Écrire est quelque chose d'inscrit en moi.

Un jour, j'esquisse le portrait de ma grand-mère (celle de la trousse).

On lit le texte à voix haute, on applaudit.

Tout le monde veut la connaître.

Plus tard, je rédige un texte relatant l'attentat contre les Israéliens aux jeux Olympiques de Munich.

J'ai quatorze ans.

Nous obtenons (moi et mes quatre camarades) 18, le devoir étant censé être « fait » en groupe. Je suis fier.

Deux professeurs

En classe de cinquième, Mlle Dauret m'enseigne le français et l'anglais. C'est une grande femme brune.

Elle arbore des hanches généreuses et une poitrine opulente.

Elle porte lunettes et sa peau est bronzée de naissance.

Elle lit régulièrement mes textes dans la classe. C'est elle qui m'a dit que plus tard je pourrais être de ceux qui font des mots leur métier.

Elle nous a fait découvrir Jacques Brel et les Beatles.

Je fantasme notamment en regardant ses jambes qui sont musclées. Je les compare à celle de Colette Besson, championne olympique du 400 mètres à Mexico.

Je suis amoureux d'elle, ce qui ne m'empêche pas d'être parfois odieux.

Un jour, elle me demande de sortir dans le couloir.

Quelques minutes plus tard, je fais irruption dans

la classe, poussé par le directeur qui me botte le cul et me flanque des gifles.

Je m'écroule à ma table, en pleurs.

Je les maudis tous.

Plus tard, elle s'approche de moi et me demande pardon.

Mme Verdier m'apprend le français en quatrième. Elle est petite et brune. Déjà mariée et divorcée, elle a la morphologie d'une adolescente.

Pour nous, elle est une grande sœur. Des camarades dépassent les limites en attitudes et propos.

Je tempère leurs dérapages.

Comme physiquement ils sont plus forts que moi, je les tiens au chantage.

Dans la cour à l'écart, je leur dis :

« Avec la prof, y a des limites ! Si vous déconnez de trop, je ne vous fais plus de rédactions. »

L'ultimatum est efficace.

Parfois, Mme Verdier s'assied près de moi. Nos deux corps se frôlent. Elle me parle de mes textes. Elle les apprécie. Je l'aime beaucoup aussi.

Cela fait du bien d'avoir des gens qui s'intéressent à vous.

Papa, le directeur t'a rencontré dans les rues de Nort-sur-Erdre. Il sortait d'une boulangerie, tu t'apprêtais à entrer dans un café.

Il t'a dit que je posais problème et qu'il faudrait que tu passes à son bureau afin qu'il t'explique.

Jamais tu n'iras.

Une soirée de rêve

Cet après-midi du mois de mai 1973, un jeudi, je suis allé aider Pierre le boucher.

Quelquefois, il m'emmène avec lui quand il va à l'abattoir ou tuer un cochon dans une ferme ou encore vérifier les clôtures où paissent ses génisses, des charolaises.

Il a dit à maman :

« Il est gentil et en quelques mois il pourrait faire un bon ouvrier. » Il exagère.

Aujourd'hui, il m'a remis une pièce de 5 francs et une belle tranche de rumsteck.

Je suis rentré à la maison. J'ai donné la pièce à ma mère. Elle me l'a aussitôt rendue :

« C'est à toi ! » m'a-t-elle dit.

Tant mieux, je pourrai voir cinq films au ciné-club du lycée Paul-Doumer.

Je songe au cuirassé *Potemkine*, les vers qui grouillent sur la viande et le landau qui dévale, les soldats au pas...

J'ai présenté la tranche de rumsteck.

Elle l'a aussitôt installée sur une large assiette où la viande s'étend de tout son long.

Je me lave les mains et sors pour me poster derrière la petite barrière bleue qui sépare notre jardinet du trottoir.

La troisième de transition m'attend.

Le professeur de mathématiques, mère de famille nombreuse, a décelé quelque chose. Elle me garde un jour, après son cours, pour que je me laisse aller en confidences.

Je ne dirai rien !

L'auto de papa apparaît. Ma joie est grande, je me dis en moi-même : « Papa rentre de bonne heure, ce soir tout ira bien. »

Maman est à la maison, elle est tranquille, pour l'instant.

Nous allons manger du rumsteck et des frites. Le bonheur.

Ce soir, papa a débauché et est rentré directement chez lui. Pour la plupart des enfants, c'est la coutume.

Pour moi, ce moment-là est rare ; je le savoure pleinement.

Cette journée se termine en apothéose. De surcroît, à la télévision passe le « Palmarès des chansons » de Fernandel.

Il va chanter entre autres Félicie (c'est le prénom de la femme de Pierre le boucher).

Papa a pris le virage et est parti garer la Citroën devant l'école des filles.

Je ne le vois plus.

Je l'imagine. Il ferme la portière à clef, traverse devant la maison hospitalière, longe le trottoir en passant devant l'épicerie puis aborde le café-restaurant. Va-t-il s'arrêter ?

Je sais que, s'il entre dans l'estaminet pour longtemps, c'est un autre homme qui en sortira.

Toute la soirée sera foutue en l'air.

J'ai calculé ses pas.

Maintenant, il devrait...

Oui. Comme dans un rêve, il apparaît et aborde le trottoir à deux pas de la barrière.

Le bleu de travail sous le bras, la gauloise aux lèvres, il progresse tel un fakir marchant sur des charbons ardents.

Il s'en vient vers chez nous.

Je le trouve magnifique.

J'aimerais tant qu'il vienne vers moi !

Sa chevelure noire et frisée, son visage stigmatisé par l'effort, son torse un peu perdu dans l'étoffe d'une chemise dont les manches retroussées délivrent un nid de veines saillantes, il est toujours bel homme.

Son pantalon de toile enveloppe ses jambes qui tremblent quand il pense à l'Indochine, des brodequins énormes enserrent ses chevilles dont l'une à la suite d'un accident est pleine de vis.

À cet instant, je suis subjugué, je l'idolâtre.

Je ne demande pas des effusions démesurées : je sais qu'il est fatigué par sa journée accomplie dans la cale d'une quelconque péniche où il a eu les yeux rougis par mille étincelles jaillissant du fer à souder.

Mais un mot, un murmure, un geste de la main tandis qu'il se rapproche, et je serais transporté de joie.

Papa rentre à la maison, je le suis.

Des escadrons d'hirondelles nous survolent. D'autres forment une partition sur les fils électriques. Des cafés montent des clameurs jetées par des buveurs dont papa ce soir ne fera pas partie.

Ce soir, le troquet a perdu.

Le carnet de notes

Juin 1973 se termine.

L'année scolaire prend fin au collège Paul-Doumer ; ils ont donné nos carnets pour que nous les fassions voir à nos parents.

Inutile de les rapporter.

Pour moi, l'école est finie. Définitivement.

Arrivé à la maison, je sors la seule chose présente dans mon cartable, le fameux carnet à la couverture cartonnée vert pâle.

Discrètement, je prends quatre allumettes.

Je passe devant maman en lui disant que je vais faire un petit tour. Je rentre mon ventre. Mon carnet est blotti contre lui, caché sous mon pull.

Je file dans le parc de la maison de retraite, situé juste à côté. Là, je serai tranquille pour accomplir ma besogne.

À l'intérieur, sous des feuillages au bord de la route de Joué-sur-Erdre, je creuse un trou. Je m'aide d'une pelle qu'un petit vieux, jardinier, a laissée traîner là.

La terre noire et onctueuse se remue facilement. Je

saisis le carnet. Mon nom et celui de ma classe figurent sur le couvert. Je le feuillette rapidement, notes et fausses notes s'y côtoient. Les signatures de maman et de toi, papa, aussi.

Je soupire.

Ce carnet porte mon nom, mais ce n'est pas le mien. Celui qui a eu, celui à qui on a donné chiffres, nombres et appréciations, ce n'est pas moi.

J'arrache les pages blanches du milieu. Des pages de deuil, deuil de mes espoirs.

Elles portent des annotations de mes professeurs.

Elles sont moins épaisses. Elles brûleront mieux.

La première allumette, je la loupe, la seconde s'éteint, la troisième mange le papier, la quatrième parachève l'incendie. Le carnet se désintègre, il gît calciné au fond du trou. Je l'enterre cérémonieusement.

Avec lui, j'enterre une partie de moi-même.

Ni maman ni toi, papa, ne me demanderez plus de nouvelles de lui.

Orientation

J'ai dit à maman que j'en avais marre d'entendre presque chaque jour papa me dire : « Il va falloir penser à travailler... tu nous coûtes cher ! Les études, ce n'est pas pour toi. »

Il me prend la tête.

Bien sûr, en français, les résultats côtoient les cimes. Dans les autres matières, en revanche, c'est l'abîme.

Trop préoccupé par ce qui se passe lorsque je quitte le collège, mon attention en cours s'est peu à peu liquéfiée.

Après avoir redoublé le CM2 et la sixième, maintenant c'est la troisième de transition qui m'attend.

Pierre le boucher a fait l'éloge auprès de ma mère du travailleur que je suis. Il en rajoute quant à mes capacités. Il est vrai que je le suis et l'aide sans bruit et de manière volontaire. Mais l'activité manuelle n'est pas chez moi une qualité première.

Maman et moi, un jour, nous avons eu une conversation et nous décidons que j'entrerai en boucherie.

Elle désire m'éloigner de la maison, pour me préserver.

Elle se renseigne auprès d'une de ses belles-sœurs nantaises.

Celle-ci en parle à son boucher qui connaît un collègue qui recherche un apprenti. Contact est pris.

Un jour d'août 1973, mon futur patron nous rend visite.

Auparavant, il a été se renseigner chez le bon Pierre qu'il connaît un peu.

L'affaire est conclue, en septembre je commencerai mon périple dans la vie que l'on dit « active ».

Le monde du travail

Papa, en septembre 1973, un mardi, tu me conduis au 8 rue Marzelle-de-Grillaud à Nantes.

Une petite boucherie y dresse devanture, c'est donc là que je vais effectuer mes deux années d'apprentissage.

Nous sommes de bonne heure. Tu n'es pas de bonne humeur.

M'emmener à destination te coûte.

Cela dérange ton emploi du temps. Il faut faire vite.

Hier, tu as prévenu ton contremaître : « Demain, j'embaucherai plus tard, je dois conduire mon gars chez un patron ! »

À peine arrivés, vous voilà déjà partis.

L'entretien a été bref, la livraison rapide.

Maman a parlé plus que toi, c'est rare. Tu t'es montré timide et discret. Quelle différence avec ton comportement à la maison !

J'apprends à connaître mon patron ; il n'est pas des plus tendres. Il est du genre soupe au lait. Quand surviennent ses fils qui frisent la trentaine, en revanche, il leur donne l'accolade et les embrasse sans retenue.

Toi, depuis que j'ai mes quatorze ans, tu as décidé que nous devions nous serrer la main. J'ai accepté, bien obligé.

Je me rappelle la dernière fois que j'ai osé poser mes lèvres sur tes joues, tu m'as repoussé promptement en disant que c'était de la niaiserie.

Depuis que je travaille, je rencontre des gens de toute condition, de tout âge. Je découvre la solitude, la souffrance et la mort.

Je vois les ravages des séparations, des guerres et de la maladie.

Je devine ceux qui sont en partance : avec eux, je reste un peu plus longtemps.

J'arrive en retard à la boutique. Je me fais rabrouer. Peu importe, un regard ravagé par le cancer s'est éclairé d'un sourire, une main atrophiée par un éclat d'obus en 14-18 a tenu la mienne et a cessé de trembler.

Mes patrons me disputent, ce qui ne m'empêche pas de les respecter.

J'ai tellement besoin d'amour.

Dans la journée moins, mais le soir je pense à mes parents.

Maman a eu une bonne idée de m'exiler.

Le couple qui m'a embauché se chamaille quelquefois. Mais c'est de l'eau de rose par rapport à ce qui se passait chez nous.

Pourtant, mes parents me manquent. Quand je suis à Nantes, j'aimerais être aux Touches. Quand j'arrive le samedi soir, vu la situation, je n'ai qu'une hâte : repartir.

Mes premières années me permettent de connaître une autre vie.

Pendant cette période, toute la semaine je vis seul.

Je commence à découvrir l'alcool, sans en exagérer la consommation.

Ma seule compagnie est une petite radio.

Qu'elles soient douces ou amères, ces deux années vont compter à jamais !

Études abrégées

L'hiver 1973 s'installe sur la France. Nous sommes dimanche, il est quatorze heures quinze. À la télévision passe « Le petit rapporteur » de Jacques Martin.

Allongé sur mon lit, je digère ma semaine de travail. J'attaque mon cinquième mois d'apprentissage.

Je récupère aussi du match de ce matin joué dans la catégorie cadet.

Papa, tu entres dans la chambre sans prévenir.

Pressentant la suite, je m'assois.

L'exposé des faits auquel j'ai droit n'est pas long.

Je suis un vaurien, je suis un fainéant.

Toutes ces marches d'escaliers à escalader pour livrer des commandes, parfois d'infimes paquets, me fatiguent énormément ; d'autant que mes débuts dans un métier nouveau pour moi correspondent à une active poussée de croissance. Je dois pourtant supporter en silence tes reproches. Encore et toujours, que je travaille ou que je sois à l'école.

Je ne chôme pas pourtant.

Le lundi matin, de bonne heure, je prends le car qui s'arrête près de l'église en face du restaurant.

Trois quarts d'heure après, le véhicule rempli de voyageurs nous débarque à Nantes devant la gare Drouin (c'est le nom du transporteur).

À pied, je rejoins la rue Marzelle-de-Grillaud. Je dépose mon sac dans la baraque en bois qui me sert de chambre.

Je réunis ensuite des affaires de classe que je range dans un porte-documents, puis j'enfourche la mobylette grise qui appartient à mes patrons et file à la chambre des métiers pour y suivre des cours.

Ainsi pour nous les apprentis bouchers, notre jour de congé est notre jour d'école, cela en exaspère plus d'un.

Ce n'est faire injure à personne, d'autant que j'en fais partie, de dire que nous sommes tous en rupture avec le système scolaire normal.

Il y a ceux qui n'ont pas pu suivre.

Il y a ceux qui n'ont pas su suivre.

Il y a ceux qui n'ont pas voulu suivre.

Les dictées sont souvent truffées de fautes, les calculs pas toujours justes.

Un jour, le professeur de français qui manie la langue avec respect me lance : « Franck Ribault, dans quel livre avez-vous été piquer ce texte qui n'est sûrement pas le vôtre ? »

Je réponds, étonné de cette suspicion : « Nulle part ».

Le texte raconte un soir d'orage. Aux éléments

déchaînés, j'additionne l'histoire d'un éleveur qui va perdre ses deux taureaux maintes fois primés.

L'enseignant enchaîne : « Qu'est-ce que vous venez foutre en boucherie ? »

Le texte est lu en classe. Le professeur m'emmène chez le directeur. On me félicite (comme d'habitude, je n'en retire aucun orgueil).

Par contre, quelques compagnons me demandent parfois de potasser pour eux.

Comme toute peine mérite salaire, on me récompense (la bière remplace les pièces d'un franc).

Du mardi matin au samedi après-midi, je vaque à différentes occupations, le désossage, l'épluchage, le nettoyage, les préparations charcutières, les carreaux, etc.

Toutefois, ce qui me plaît le plus, c'est de porter les commandes chez l'habitant.

C'est le moment où je parle aux gens.

Souvent, d'ailleurs, ce sont plutôt eux qui se confient. Je n'en finis pas de guérir de mon enfance.

Madame la coiffeuse

Au numéro 103 du boulevard de la Fraternité se trouve un salon de coiffure. M. Zénon le dirige de main de maître. Sa femme très malade attend à l'étage peu de chose. Mais aussi, ma visite.

Madame la coiffeuse est au stade terminal de la maladie qui la ronge et qu'on appelle cancer. Elle se déplace dans son séjour perdue sous une robe de chambre qui a dû être un jour à sa taille. Elle me tend une pièce de cinquante centimes (qui sera mon pourboire) d'une main et de l'autre m'agrippe le bras comme pour me prendre un peu de la force qu'elle n'a déjà plus. Sur son visage ravagé par la douleur, au lieu d'y discerner des yeux je n'y trouve que des trous.

Elle me raccompagne à sa porte.

La robe de chambre lui colle aux os. Elle me fait revenir au milieu de la salle à manger et argumente que, tout à l'heure, elle n'a pas donné assez. La coiffeuse feint de chercher, au fond de son énorme porte-monnaie à deux compartiments de toile, une pièce d'un demi-franc. Délicatement entre le pouce et l'index de sa main droite décharnée, elle extirpe l'obole. De son membre tremblant, elle la dépose dans ma main.

Je croise son regard perdu dont les pupilles semblent appeler à l'aide et lui redis merci. Je discerne deux oiseaux noirs battants des ailes, affolés par un vent froid, implacable. Je crois bien voir là la mort. Elle saisit une de mes manches et à mon contact paraît se faire plus belle, heureuse de palper la vie qui trotte chez moi alors qu'elle sait qu'en elle la mort se glisse.

Une odeur de médicaments flotte dans l'atmosphère.

La coiffeuse a gagné une minute de compagnie supplémentaire. Un sursis. En refermant sa porte derrière moi qui déjà dévale l'escalier, elle ouvre celle de sa solitude. On dirait une cartomancienne romanichelle un peu horrible. Entichée de ses longs ongles bientôt aussi acérés que les serres d'un rapace, en sa poitrine bat un cœur grand comme ça, même si les battements se font de plus en plus inaudibles.

J'enfourche ma mobylette posée devant l'arbre planté presque en face du salon de coiffure. En levant la tête j'aperçois sa silhouette fantomatique qui fait ombre chinoise. Elle vient de me regarder partir et est peut-être allée ensuite vomir dans son lavabo ce qu'elle n'a pas mangé (elle le fait parfois en ma présence).

Abruti par les doses de médicaments qu'on lui prescrit et qu'elle s'administre sans retenue, son corps est devenu une véritable officine ambulante.

Les époux Jan

Je m'engouffre dans l'immeuble du 78 boulevard de la Fraternité. Dans le hall, je bifurque à gauche et, restant au rez-de-chaussée, je m'arrête devant une porte.

Je m'apprête, alors que la guerre du Kippour fait rage, que Léon Zitrone parle dans le poste de la paix du monde qui est dit-on menacée, à sonner chez M. et Mme Jan, couple de septuagénaires attachants.

Mme Jan, lunettes sur le nez, les avant-bras sur la table, me tend *Presse-Océan* en me parlant du club de foot de Nantes.

Elle promène sa voix fluette dans sa cuisine et son regard angélique de poupée de porcelaine. Elle ramasse ses épaules sous un châle et agite ses mains nues sur la nappe aux motifs fruitiers afin d'effacer le moindre pli.

Son mari apparaît, dévoilant sur ses joues et son cou les stigmates et les cicatrices que lui a laissés la grande guerre. Celle de 14.

Chaque fois qu'il s'assied, c'est une manœuvre de précision qu'il se doit d'accomplir.

Le mutilé ajuste sa grande stature que se désarticule tant qu'il n'a pas rejoint la chaise.

Je tremble quand j'assiste à la scène. J'ôte l'énorme porte-monnaie que je porte en bandoulière et le pose sur la table. Je me tiens prêt à le soutenir si par malheur le brave homme loupait son but. Je prends garde à ne pas le toucher.

Car M. Jan tient à effectuer la figure sans aucune aide. Pourtant, il sait qu'un loupé de sa part lui serait sans doute fatal.

Depuis plusieurs mois, il supporte son tronc décharné tel un chêne centenaire que la foudre, un jour, serait venue visiter.

Du mardi au samedi, pendant une vingtaine de minutes, je me ressource en épluchant les colonnes du quotidien. J'acquiesce aux propos du couple né au XIXe siècle et goûte même les secondes de silence qui veulent parfois dire plus que de bruyantes conversations.

Sur le boulevard, des autos passent et des piétons se dépassent.

Mme Jan exhale un parfum de violettes qui s'en vient apostropher les narines.

Elle promène ses mains déformées sur le journal et de son index indique tel ou tel article.

Son chignon frétille d'aise quand je la remercie. Ma main gauche frôle la main droite de la grand-mère, ses rides strient de façon abusive son épiderme. Je ne vois pourtant que des mains de fée.

Cet avis se trouve corroboré quand je la regarde dans les yeux et qu'au fond de ceux-ci je découvre une lueur, mélange de tendresse et d'amour.

Mme Jan sourit et offre un boudoir qui dort avec

d'autres au fond d'une boîte qui fut de galettes bretonnes. Le couvercle représente deux Paimpolaises regardant la mer. Elles attendent sûrement le retour de leurs hommes marins-pêcheurs.

M. Jan ne parle jamais de ses faits d'armes. Sa silhouette dit tout. Il goûte paisiblement les jours qui passent. Il n'est pas d'heure où son corps, immense charpente tremblante, ne lui rappelle les douleurs endurées.

M. Jan me regarde lire à voix basse le journal que plus exactement je dévore, faute de temps.

Je ne devrais pas être là. Je risque d'être repéré. La mobylette grise est au bord du boulevard. Si la patronne vient faire ses courses à l'épicerie située un peu plus bas, elle la verra.

À mon retour au 8 rue Marzelle-de-Grillaud, viendront les questions :

« Que faisais-tu chez les Jan ? Aujourd'hui n'est pas un jour où tu les livres. »

Alors je bafouillerai quelques mots en rougissant de honte.

La chaudière à gaz se déclenche.

M. Jan sursaute, Mme Jan tousse.

Je réajuste ma sacoche posée sur la fourrure synthétique de ma gabardine cirée qui sent l'humidité à la hauteur de mon ventre creux.

La femme de ménage entre.

Je me lève et sors, non sans avoir salué la « bonne », refermé le journal et serré les mains droites des Jan qui voudraient bien me garder plus longtemps.

J'enfourche ma mobylette qui attend au pied de l'arbre, toujours le même.

Un chien lève la patte et arrose le tronc d'un autre campé plus bas.

Je salue du bras gauche, une dernière fois pour aujourd'hui, Mme Jan qui vient d'écarter le rideau et exhibe son joli minois habillé d'un sourire et de deux yeux narquois.

Un jour, de façon coquine, Mme Jan se penche vers moi et saisit mon bras gauche de sa main droite (elle se tient à ma gauche) et me dit à petite voix :

« Ta mobylette, quand tu viens, tu n'as qu'à la cacher derrière le mur qui borde l'immeuble. »

Je réponds : « Mais la pelouse ? »

Elle hausse les épaules, réajuste sur son buste menu son châle de couleur mauve tricoté au crochet et laisse échapper de ses lèvres gercées par le temps :

« Ce n'est plus de la pelouse, mais presque de l'herbe. »

Elle poursuit en interrogeant son mari du regard qui lui répond sans mot dire mais en hochant la tête de haut en bas (comme l'archange tire-lire que l'on ressort à chaque Noël en l'église des Touches et qui dit merci parce qu'on a glissé une pièce dans la fente qu'il a sur le dos entre ses ailes) :

« Ce n'est pas ton vélomoteur qui va l'abîmer. »

Et elle enchaîne, redressant le buste et haussant quelque peu la voix d'un air complice :

« Comme cela ta patronne ne saura pas que tu es là. »

Elle se racle la gorge et sourit. M. Jan en est tout ébahi. Il vient de découvrir une facette cachée de son exquise épouse. Il l'aime maintenant encore plus. Un sourire naissant remplit ses joues creuses. Hélas, un rictus le remplace parce qu'une douleur brûlante jaillit au creux de sa hanche et lui tire des gémissements douloureux. Mme Jan s'interroge. M. Jan reprend son souffle, l'alerte est passée, à quand la prochaine ?

Un café frémissant commence d'envelopper la cuisine de son arôme sud-américain et file vers les pièces voisines.

Je remercie la petite dame pour son idée de planque. Elle jubile et son visage s'enrichit d'un sourire adolescent. Son mari se recale dans sa chaise au dossier de bois en maille ajourée. Il reste silencieux. Ses mains ne quittent pas le pommeau de sa canne en acajou prisonnière entre le bord de la nappe et son entrecuisse d'où partent ses deux grandes jambes qui jaillissent sous la table en formica. Le regard se perd vers des paysages lointains. Ses joues émaciées sont autant de révélateurs des souffrances vécues dans les tranchées. Ses pommettes me font peur.

J'y vois la boue, le sang, le gaz et les charniers, les larmes et les cris.

M. Jan, paisible, attend la délivrance. De temps et temps, il regarde le crucifix accroché au mur et songe peut-être au paradis.

À travers lui, papa, je devine un peu de toi.

Guérin le Baulois

Au sommet du parc de Procé, vers le boulevard des Anglais, le président des bouchers de Loire-Atlantique tient commerce.

Sa boucherie jette sa vitrine à la face du café d'Angleterre qui se trouve de l'autre côté. Un nommé Guérin y effectue son apprentissage. Il est originaire de La Baule (ville administrée par Olivier Guichard qui fut ministre sous de Gaulle).

Ses parents y tiennent un restaurant. Moi, le Touchois, et Guérin, le Baulois, suivons des cours à la chambre des métiers, tous les lundis (jour de congé), au lieudit la Maison-Blanche (cela fait penser à Nixon et au Watergate).

Le Baulois participe de loin à la classe. Il se penche sur les devoirs non pas par passion mais à cause de sa colonne vertébrale. Guérin a comme don celui d'être un excellent footballeur. Il joue déjà, dit-il, régulièrement dans l'équipe fanion de la commune française possédant la plus longue plage de sable fin d'Europe. Il peste contre les colliers de bœuf que son patron lui fait désosser pour nourrir les gosses qui mangent à la cantine de divers établissements nantais. Il a arrêté ses études exprès pour être peinard. Et voilà que même dans l'exercice de son métier l'école lui revient. Forcément, le collier, c'est pas cher et délicieux pour faire des plats en sauce. Mais c'est dur à désosser. La saignée dégueulasse les mains et le patron veut que le travail soit fait à blanc. Il se met au boulot et compte les cervicales qu'il range côte à côte sur un coin du billot. Il jure. Le vent souffle dans l'appentis qui sert de labo.

Guérin tempête et songe au voyage qu'il va entreprendre à Saint-Étienne. Le club phare du département de la Loire désire le recruter. CAP ou pas, il va rallier la capitale du Forez, l'antre de Manufrance, pour y faire un essai.

Finis les cent balles de pourboire et le filet de bœuf. Ce qui l'obsède, c'est pas cent, ni dix, mais une balle et le filet de la cage adverse.

Le Baulois a moins de chance que moi. Il ne possède pour livrer ses commandes qu'un vélo à pignon fixe, sans freins et muni d'un porte-bagage à l'avant où se trouve un grand panier d'osier. Ses tendeurs élimés emprisonnent le garde-commandes. Ils laissent bâiller au-dehors leurs élastiques tendus.

Guérin fait plus de fautes et compte moins bien que moi. Mais il travaille la viande mieux et plus vite. Qui plus est, au foot, il n'a pas de problème de genoux. Il a arrêté de grandir. Ses os ne lui font pas de misère. Sa petite taille lui sert à dérouter les adversaires.

Ivre de livres

En 1974, c'est à Euromarché que j'apprends le décès de Georges Pompidou. C'est à Euromarché que je suis un peu la coupe du monde au rayon télévision. C'est aussi à Euromarché que je plonge mes yeux dans les livres qui me lient encore un peu tels des cordons ombilicaux à ma scolarité annulée. Pour tout dire, je ne lis pas. Je les touche, les attouche, les hume, les feuillette, les palpe, les caresse et les remets à leurs places en prenant garde de ne point les écorner.

J'en vois un à terre, froissé ou en mauvaise posture, je le ramasse, le repasse ou rétablis son équilibre.

Je peste contre celui qui a pu déranger et meurtrir telle ou telle œuvre. D'après moi, même si le contenu ne plaît pas, on est tenu, si l'on n'est pas un malotru, de remettre délicatement en lieu et place l'objet que l'on a embêté sans que lui n'ait rien demandé à personne.

De surcroît, j'estime que lire un livre sans l'acheter, c'est du vol. Non pas vis-à-vis du supermarché, mais à l'endroit de l'auteur qui, s'il est vivant, voudrait vivre de sa plume, s'il est mort, doit se retourner dans sa tombe.

Là à Euromarché, ce sont des centaines de titres qui se côtoient. Ils forment une élite cosmopolite de couleurs différentes, de tailles multiples, d'épaisseurs diverses, aux papiers composés de moult pâtes, aux idées opposées, aux contenus étendus.

Je me dis que le coin librairie d'Euromarché, c'est l'arche de Noé de la pensée.

Les livres sont hermaphrodites, ce sont des escargots. Ils ont comme maison leur couverture. Tout le monde peut en faire l'essai.

Le même peut plaire à un garçon ou à une fille, à un de droite et à un de gauche, à un ouvrier, à un patron.

Le livre peut faire beaucoup.

Il peut défaire autant.

Je leur dis bonjour du bout de mes doigts que j'ai déjà entaillés avec les lames des couteaux.

Papa, à chaque visite en grande surface, avec gourmandise, je côtoie les livres gâteaux aux mille feuilles.

La censure

En venant prendre le car sur le cours des Cinquante-Otages (du nombre de personnes fusillées en représailles après l'assassinat d'un gradé allemand pendant la Seconde Guerre mondiale), j'ai acheté un livre à la librairie Durance.

Des présentoirs couverts de bouquins font le trottoir, que c'est tentant !

Je l'ai planqué dans mon sac, sous mes blouses de travail.

Je me suis promis, une fois à la maison, de le mettre en lieu sûr, mais j'ai oublié.

Tu fouilles mes affaires.

Tu tombes dessus.

Tu le tiens à bout de bras.

Tu salives, tu écumes, tu baves, tu me gifles avec.

Enfin, tu te mets à le déchirer en criant :

« Pas de politique chez moi. »

Le bouquin s'effiloche.

Il s'agit d'un ouvrage écrit par François Mitterrand.

Je viens de perdre trois francs et soixante-dix centimes.

Et dire que je n'en ai même pas lu une ligne.

Papa, tu m'offres le coup de grâce en me disant : « Va le foutre à la poubelle ! »

Tu ne respectes rien, ni ta femme ni ton fils, même pas les livres.

La réunion politique

En 1974, Robert, un camarade que j'ai connu aux Touches, étudiant en sciences économiques, est venu me chercher sur le lieu de mon apprentissage.

Discrètement, je me suis éclipsé sans donner de motif à mon absence au repas du soir.

Nous nous rendons à la Beaujoire afin d'y écouter François Mitterrand.

La France s'apprête à élire un nouveau président de la République.

Je ne suis pas branché politique.

Pourtant, les idées de gauche me séduisent (celles qui sont humanistes et sociales), pas les promesses de revanche ou de règlements de comptes.

Pendant le meeting, ma hantise est d'être pris en photo ou filmé. Non pas que cela me gêne, mais la crainte d'être dans le journal ou de passer à la télévision m'obsède car, si le patron me voit, lui qui est de droite (ce qui est respectable), cela risque de barder.

Moi qui lui ai parlé de faire quarante heures l'autre jour, qu'est-ce que je n'avais pas dit là !

Quant à toi, si tu me découvres, je risque le week-end prochain sûrement une engueulade et sans doute une correction.

Tu assimiles la gauche au communisme, les rouges aux vietcongs.

Toutefois, je ne t'ai jamais entendu parler de tes adversaires comme d'une race inférieure ou en proférant des propos xénophobes.

Je ne serai jamais écrivain

Au milieu de ces années 70 où je commence à prendre mon envol, nos rapports se résument au strict minimum.

On se croise parfois, on s'évite souvent.

La non-relation que nous entretenons m'entraîne vers des rivages dangereux. Le suicide s'en vient rôder régulièrement autour de moi. L'idée d'en finir se nourrit de mes excès et de ma nature anxieuse.

Je prends conscience que mon itinéraire ne bougera pas beaucoup jusqu'à ma mort.

On me dit souvent que je devrais reprendre des études.

À la chambre des métiers, on m'a relancé afin que je poursuive jusqu'au brevet de maîtrise.

Le manque de confiance en moi me fait écarter cette idée pourtant tentante. Mais au fond je pense qu'il est trop tard.

Les semaines ne s'effectuent pas à une cadence infernale, mais elles sont longues en heures (plus de cinquante) et en jours (cinq et demi).

Je suis en décalage complet avec mes camarades touchois, nous n'avons que le dimanche après-midi en commun.

Il faut bien que je me rende à l'évidence : je ne serai jamais écrivain.

Il est toutefois quelques oasis dans mon désert de tourments.

Dans l'exercice de mon métier, j'ai le plaisir de faire de nombreuses rencontres et ce que je ne puis dire par l'écrit, je l'expulse verbalement.

Placer dans la conversation un mot nouveau me remplit de joie, soit parce qu'il est joli, soit que son emploi a suscité de la curiosité chez mon interlocuteur.

Je ne me comporte pas ainsi pour faire l'intéressant mais parce que dans ma vie les mots soignent mes maux. Ils sont ma thérapie.

Sabotage

C'est ma première paie d'ouvrier. Mon premier petit bonheur. Je sais ce que je veux : une chaîne stéréo de marque Philips.

Je l'achète 2 500 francs chez mon oncle Roland (de Saffré). Il a un magasin d'électroménager et possède une entreprise de plomberie, chauffage, électricité qui fait travailler quelques compagnons.

Je lui demande de la payer en trois fois. Il me donne quatre disques 33 tours.

Quelques mois après, un lundi après-midi, je m'apprête à écouter de la musique, rien ne sort.

L'appareil est bien en marche, mais aucun son ne s'échappe des deux enceintes.

Je peste, je trifouille.

Et enfin, je m'aperçois que les fils ont été sectionnés.

Papa, par jalousie, tu as saboté l'appareil haute-fidélité.

Les années d'alcool et de mal-vivre

De 1975 à 1977, ce sont mes premières années d'ouvrier.

J'ai obtenu mon CAP de boucher, à la fois la pratique, bien que j'aie loupé le ficelage du rôti de veau, et l'écrit sans problème.

Le jury aurait dû me recaler quant à la partie manuelle mais mes bonnes dispositions en théorie le font pencher favorablement.

Bon nombre de mes camarades de promotion ne veulent pas continuer dans le métier.

Les dépassements d'heures, les semaines qui n'en finissent pas, l'ambiance et la non-considération de la hiérarchie, et les week-ends que nous ne connaissons pas ne tardent pas à en décourager plus d'un.

À la rentrée, beaucoup iront à l'usine ou feront autre chose.

En septembre 1975, je suis embauché place de la République (toujours à Nantes).

Du lundi matin au samedi soir, les semaines de labeur passent inlassablement.

Je couche dans une petite chambre adjacente à la boucherie et au laboratoire.

Les journées durent de six heures trente à treize heures et de quinze heures à vingt heures environ.

Je prends un repas le matin vers neuf heures avec Gilbert l'ouvrier. Le menu se compose de charcuterie, d'œufs, de viandes, de fromages ou de fruits.

Nous buvons à nous deux le litre de vin rouge qui nous a été apporté sur la table.

À treize heures quinze, je déjeune avec le patron et la patronne, le soir vers vingt heures quinze, je dîne dans un restaurant situé prairie aux Ducs.

Roger, le gardien de but de l'équipe fanion des Touches, fait de même. Il est le seul lien qui me relie avec cette commune où j'ai tant de souvenirs.

La solitude est ma grande compagne et l'alcool mon refuge implacable.

Je bois pour suivre physiquement et aussi pour oublier mon mal d'être. Cela me donne de la contenance et gomme mes complexes.

Mais je ne suis pas toujours intelligent pour autant. Parfois, je dérape.

D'accord, un jour dans un cinéma nantais, je captive l'auditoire en mettant en parallèle le prix d'un kilo de saucisson sec en URSS avec le salaire mensuel moyen d'un ouvrier soviétique.

D'accord, debout sur des tables de restaurant, j'entame des récitals en puisant dans les chansons-trésors de Jacques Brel. Les gens reprennent en chœur « Amsterdam » ou « Ne me quitte pas ».

D'accord, au bal, me prenant pour un Martin Luther King breton, j'essaie de séparer ceux qui se battent, en me servant de mes paroles, au risque de recevoir des coups de poings, de pieds, voire de couteau.

Mais dans l'ensemble, m'adonner à la boisson ne me valorise pas auprès des autres.

Je disjoncte.

De 1975 à 1977, en moyenne ma consommation est de plus d'un litre de vin et trois litres de bière par jour.

Bien sûr à de telles doses, je ne bois pas pour le plaisir.

Je souffre, papa.

Je ne suis plus un enfant mais pas encore un homme.

Esquives

Je te vois de moins en moins.

Quand j'arrive par le car de onze heures, le dimanche matin, tu es déjà parti en tournées.

Quand tu reviens, c'est moi qui suis rendu sur les terrains de football environnants.

Tu portes fatigué ta quarantaine.

Tu fumes des gitanes mais sans filtre, tu bois comme jamais, tu t'es mis aux médicaments (pour dormir), sur ton corps s'affichent les stigmates d'une vieillesse prématurée.

Ton potentiel physique s'amoindrit alors tu le stimules en abusant de vermifuge trompeur et dévastateur.

Moi, dans ma chambre, je ne puis m'empêcher chaque soir de penser à vous, mes parents.

J'esquisse, selon les soirs, l'ébauche d'un emploi du temps de ce qui peut bien se passer à la maison.

Comme en apprentissage, survient ce déchirement géographique et sentimental.

Dans la semaine, vouloir être à la maison et le week-end (très petit) n'avoir qu'une hâte, revenir chez les patrons.

Au travail, même si cela n'est pas idyllique, il y a la vie ; à la maison, la mort rôde régulièrement et la violence y a élu domicile.

Pleurs et tremblements

Pendant cette période où tu es au sommet de l'ignominie et maman et moi au bord du gouffre, tu as deux accidents.

Nous allons te voir à l'hôpital.

Tu risques l'amputation et, de nous le dire, tu chiales comme un gosse.

La pitié s'empare de nous.

Sur le chemin du retour, sans rien nous dire, nous nous apercevons mutuellement que des larmes remplissent nos yeux.

Quand tu reviens à la maison, cela se passe bien pendant deux jours.

Puis le cycle infernal revient.

La nuit, je me réveille en sueur.

Des étouffements m'oppressent la gorge et mon cœur bat à une vitesse folle.

La mort se tient à mes côtés. Au fur et à mesure que monte l'angoisse, je me persuade que mon cœur va s'arrêter. Je ne vais même plus au match à Marcel-Saupin, la foule m'horrifie.

On me prescrit du valium à dose assez forte, ce qui n'arrange pas les choses, mélangé avec des boissons alcoolisées.

Et ce qui doit arriver se produit : l'accident.

Sortie de route

Papa, je ne me trouve pas beau.

Je suis bourré de complexes et un peu éméché quand je vais au bal.

L'année 1977 se termine.

Tu as quarante-quatre ans.

J'en ai vingt.

Il y a trois mois, j'ai acheté à crédit, pour 70 % du montant total, une Renault cinq blanche et neuve.

Ce soir d'hiver, il est une heure quinze du matin.

Nous sommes lundi.

C'est mon jour de congé.

Je quitte le parking champêtre où j'avais garé mon auto.

Je suis seul à bord.

Dans mes veines coule mon sang chargé de bière et clairsemé de valium.

Le mélange explosif, soudain, m'assomme.

Mes yeux quittent la route.

Ma voiture quitte la route.

Me voilà au fossé, une borne routière à mes côtés.

Thierry et sa sœur qui me suivaient de loin aperçoivent le véhicule : mais c'est Franck !

Eh oui, c'est bien moi !

Ils me raccompagnent.

Chez leurs parents, aux Touches, ils désinfectent les plaies que le verre m'a faites au visage.

Thierry me ramène à Nort-sur-Erdre.

Je me couche et m'endors.

Papa, à six heures, tu te lèves.

Tu vas chercher le journal *Presse-Océan* qu'on te livre dans la boîte aux lettres.

Tu remarques que la Renault cinq n'est pas là.

Tu constates que je suis là, en ouvrant discrètement la porte de la chambre.

Tu pressens quelque chose.

Tu souris méchamment.

À midi, quand maman, pendant mon absence, t'annonce la nouvelle (je mange quand tu es parti au travail, nous ne prenons plus, toi et moi, de repas en commun), tu rigoles.

Tu es content.

Non mais, le branleur a déjà sa voiture neuve à vingt ans alors que moi, son père, n'en ai eu une qu'à trente-quatre ans.

Mon ami l'instituteur

Peu de gens connaissent ma souffrance.

Bien sûr, certains devinent et supposent, toutefois personne ne doit se douter du degré de terreur régnant à la maison.

Papa, les autres te craignent, alors beaucoup te caressent dans le sens du poil. Il vaut mieux ne pas être en froid avec toi.

Maman et moi, nous ne nous épanchons pas sur nos douleurs : le secret reste bien gardé (nous ne sommes pas des balances).

Il est pourtant un garçon de cinq ans plus âgé que moi qui sait ce que je vis. Il doit s'imaginer le reste et il est conscient que l'irréparable s'est accompli pour ce qui touche à mon cursus scolaire.

Il s'appelle Joël.

Il est né aux Touches, il habite aux Touches et y mourra sans doute.

Il vient d'être nommé instituteur.

Rien ne le dispose à fraterniser plus qu'un autre avec moi. Mis à part le sport, peu de choses nous réunissent : il a fait des études et a vécu une enfance heureuse.

Le dimanche soir, lui qui n'est pas féru de danse propose à ceux de notre bande qui le désirent d'aller au cinéma à Nantes.

Très vite, lui et moi, nous fréquentons là-bas les salles obscures, nous éclairant de films esthètes. Je suis en quête d'humanité.

Pendant environ deux ans, c'est un festival d'images, de dialogues et de musiques qui se livre à moi. Pendant deux ans, ces voyages cinéphiles, je les attends avec impatience : je vais autant au cinéma que dans tout le reste de ma vie.

Ainsi grâce à mon pote Jojo, je découvre Fellini, Kubrick, Herzog et d'autres réalisateurs au sommet de leur art...

Orange mécanique,

Chronique des années de braises,

Marathon man,

Casanova,

Barry Lyndon,

L'énigme de Gaspard Hauser, entre autres, me laissent des souvenirs à jamais gravés dans ma mémoire.

Un jour, Joël m'invite avec sa classe.

Dans la forêt du Gavre, je dresse un jeu de piste avec acuité, moi qui n'ai aucun sens de l'orientation.

Les quelques heures passées au milieu de ses élèves de CE2 me remplissent de bonheur.

Il m'a dit de reprendre des cours.

Que le bac, je pourrais l'avoir.

Joël ne se plaint pas de son salaire et trouve injuste que je gagne si peu.

L'instituteur est un inconditionnel de Georges Brassens.

Au milieu des années 70, il dit :

« Quand M. Brassens mourra, la France lui fera un deuil national. »

Le dimanche soir, quand je rentre et que la porte est fermée à clef parce que maman n'a pas eu la force ou le courage d'aller rouvrir après papa, je file dans la campagne et je dors dehors.

Papa, maintenant que vous avez emménagé à Nort-sur-Erdre, tu es plus près de ton travail mais aussi de tous les estaminets qui te tendent leurs zincs.

Maman sombre dans la tourmente où tu l'entraînes.

Les lundis matin, je l'emmène faire des courses, j'écoute de la musique, notamment Brel, Le Forestier, Ferrat, Brassens, Caussimon et la grande Piaf.

Papa, avant que tu n'arrives, je m'en vais et quand tu es reparti au travail, je reviens manger.

Vers dix-sept heures, je pars pour Les Touches, attendre que mes camarades quittent leur travail.

Maman m'a remis mon linge propre superbement repassé et débarrassé de la sueur, des larmes et du sang répandus la semaine précédente.

J'entre dans le café de Marie-Paule qui était notre voisine quand nous habitions Les Touches.

Peu à peu, les camarades arrivent et restent plus ou moins longtemps.

Nous buvons principalement de la bière pression (c'est nouveau), de la Stella Artois.

Vers vingt-deux heures, je quitte le café.

Mon degré d'alcoolémie doit être plus près de deux grammes que d'un seul.

Ma vie n'est pas comme dans les films, elle n'a rien d'exaltant, pourtant j'essaie de lui apporter un peu de ciel bleu en cherchant dans les êtres humains des raisons d'y croire.

Marie-Paule

Marie-Paule tient café à côté de notre maison.

Le seuil de son bistrot n'est distant de notre barrière bleue que d'une douzaine de mètres, tout au plus.

Marie-Paule, c'est la Laurette touchoise (écouter la chanson de Michel Delpech).

Chez elle, on se confie, on emprunte, on fait crédit, on engouffre, selon la saison et la soif que l'on a, un pourcentage appréciable de notre salaire ouvrier pour la plupart.

Elle est de petite taille et de corpulence frêle. Elle a de petites chevilles fluettes semblant fragiles comme le cristal. Ses mains sont fines, mais quand elle essuie une table, elles se font expertes.

Marie-Paule s'enveloppe souvent d'une robe au coloris unique et chatoyant. Elle pose dessus une blouse à la couleur plus reposante.

Elle met des chaussures à moyens talons et promène sa silhouette et sa taille fine entre tables et chaises, entre les bancs et le bar, passant parfois dans sa cuisine pour s'en aller à la cave.

Du 1er janvier au 31 décembre, elle vaque en son établissement toujours bien mise. Elle arbore une coiffure impeccable, jamais un cheveu de travers, jamais une mêche rebelle. Sa sœur est coiffeuse et exerce dans une pièce attenante. Leur mère vend encore des sabots.

Elle développe un timbre de voix capable, si elle pousse un peu ses cordes vocales, d'impressionner même la brute.

Son franc-parler n'a d'égal que son rire qui parfois strie l'atmosphère et s'en vient jusque chez nous.

Les tribulations de ses clients et les variations de température ou de conversations qui s'opèrent au fil du temps et des verres avalés ne la font en rien changer son attitude.

Elle ne boit pas, ne fume pas, ne drague pas, elle cause ce qu'il faut.

Si bien que de huit heures le matin à vingt-deux heures le soir, elle reste la même.

Marie-Paule n'est pas une femme grande mais elle sait rabrouer celui qui lui manque de respect ou éconduire tel autre qui veut encore boire mais qu'elle refuse de servir.

Elle le prend par le bras et le boute hors de son estaminet.

Le récalcitrant pourrait l'écraser contre un mur, il pourrait l'empoigner et l'envoyer voler derrière le bar.

Marie-Paule avance et l'autre recule.

Elle argumente, elle assène, elle dit.

L'autre balbutie, déraisonne et sort : demain, il lui dira merci quand il reviendra.

Quand la fumée envahit trop son café, elle ouvre la porte et, s'aidant d'un torchon comme un torero de sa cape, elle l'aide à sortir sur le trottoir.

Son mari s'appelle André. Il travaille aux Ponts et Chaussées.

André donne parfois un coup de main pour servir les consommateurs. C'est un homme calme et casanier. Lui et Marie-Paule n'ont pas eu d'enfant.

Le dimanche, il officie comme arbitre de touche. C'est un fervent admirateur de Jean-Marc Guillou, capitaine du SCO d'Angers.

Il se fâche un peu quand, pour le chambrer, on lui affirme qu'Henri Michel, capitaine du FC Nantes et partenaire de l'Angevin en équipe de France, lui est supérieur...

Ah, ce sacré foot, il se taille la part du lion dans les conversations qui naissent sur les tables où se côtoient cafés, limonades, bières et verres de vin.

Papa, tu es souvent rendu chez elle.

Parfois, tu te fâches.

Pendant quelque temps, tu boycottes l'endroit et puis tu remets ça.

Il t'est arrivé de te braquer avec André, soit pour une erreur d'arbitrage, soit pour une bourde à la belote, soit parce qu'il a une conversation modérée dans un domaine où toi tu t'emportes...

Mal armée

Lors des tests des trois jours, rien ne vient freiner mon admission au service militaire pour un an.

Quelques mois après, je suis incorporé au camp semi-disciplinaire de la Lande-Doué près de Rennes.

Au commandant du camp qui boit beaucoup, je dis le premier jour que je ne veux pas faire d'armée !

Il me rétorque : « Vous serez comme tout le monde. »

À l'instructeur, je dis le troisième jour devant une trentaine de conscrits ébahis : « Il y a eu du napalm d'employé par les Américains au Vietnam. »

J'ai dans la tête l'image et la photo de cette petite fille brûlée et nue qui court en criant au milieu d'une route.

Le technicien expert en manipulations d'armes nie les faits.

L'armée m'a volé mon père, voilà qu'elle se présente en négationniste, ça me dégoûte.

Au même militaire, je dis le cinquième jour : « Pas

question de me servir du fusil que je porte sur l'épaule. »

Le septième jour, je suis interné au service psychiatrique de l'hôpital militaire de Rennes.

J'y reste une semaine.

Je fais bon ménage avec un camarade.

Des barreaux barrent l'unique fenêtre, nous n'avons qu'un couteau à lame arrondie pour nous deux.

On nous bourre de médicaments prescrits par des gens qui, vu leurs attitudes, nous donnent l'impression qu'ils les ont essayés en grande quantité.

Le quinzième jour, le maître du camp me tamponne mon extrait d'exemption.

Bien sûr, d'être réformé, papa, te permet d'étaler ton verbe généreux en termes blessants.

Il y a des choses que tu pourrais dire que tu ne dis pas.

Il y a des choses qu'on ne dit pas, mais tu les formules quand même.

Toi, le baroudeur !

Moi, la mauviette !

Décidément, le temps passe mais rien ne change.

Provocation

Papa, tu n'es pas bien.
Maman ne va pas bien non plus.
Nous sommes dans la cuisine.
Je suis venu en coup de vent, demain matin je travaille.
Tu gueules.
Tu m'insultes.
Tu me ridiculises.
Tu me salis.
Tu t'approches de moi, tu me fiches une claque.
J'ai vingt ans, tu en as quarante-quatre.
Tu n'attends qu'une chose, que je lève la main sur toi.
Tu rêves d'en découdre.
Je m'en vais, la tête baissée.
Sur le seuil de la porte, tu poursuis ton discours délirant, toujours le même.
J'ai peur pour maman.
Je n'ai même pas de haine envers toi.

Tendreté et tendresse

De retour à la vie civile, je suis embauché, pendant deux mois et demi, dans un supermarché de la région d'Ancenis.

On me propulse devant où tout de suite j'officie comme vendeur principal.

L'unité tourne à plein régime.

Physiquement, je suis juste.

Je bois pour compenser.

Fin août, je quitte l'entreprise. La cadence excessive et le modeste salaire me dégoûtent.

Le patron a beau venir supplier ma mère, je n'y retourne pas.

Pendant quinze jours, je me pose des questions :

« Faire autre chose, mais quoi ? »

À la mi-septembre, j'embauche chez un artisan de La Chapelle-Basse-Mer. Lui, il est plutôt charcutier. Ce qu'il aime, c'est travailler ses cochons dans son laboratoire.

Il a besoin d'un boucher qui puisse servir à la boutique.

Sa femme tient la caisse.

Dès le premier jour, il me montre l'endroit où il cache l'argent des recettes. René, il se prénomme ainsi, me fait d'emblée confiance.

Le matin, je déjeune chez les patrons. À midi, je mange avec eux. Le soir, je dîne et couche chez une logeuse à quelques pas de la boucherie.

Dans la semaine, la solitude et une radio sont mes seules compagnes (comme en apprentissage et place de la République).

Pendant ces années-là, je ne lis ni n'écris.

Seules la télévision et les conversations échangées dans l'exercice de mon métier me relient à la langue française.

M. Gicquel, le présentateur du 20 heures, a toujours l'air triste...

Raymond Barre emploie avec verve le subjonctif dans ses conversations. Sa bonhomie me réjouit et bien sûr, de temps à autre, je déclame comme notre Premier ministre.

Je ne suis pas bien dans ma peau. Le suicide accapare mes pensées. Je deviens un homme. Mais mes complexes, de tous ordres, sont toujours là.

Pourtant quand j'enfile ma tenue (veste et tablier), que je passe à la vente, le contact humain annihile mes tourments.

Le dimanche, de retour à la maison, je guette tes départs pour pouvoir voir maman.

Outrages

La première fois où je suis sorti avec ma vraie première fiancée qui deviendra ma femme, c'est un samedi de juin 1979. Nantes remporte, face à Auxerre, sa première coupe de France de football.

Pendant que se déroule la partie, nous, blottis dans la campagne de Barbechat, localité située au sud de la Loire, nous nous aimons.

Quelques semaines plus tard, papa, je te la présente.

Comme la nuit va tomber, tu suggères que l'on dorme dans la maison que tu loues. Je te sais gré de ta démarche. Si seulement ta future bru pouvait nous rapprocher.

Après le repas, maman et ma fiancée débarrassent la table et font la vaisselle.

Tu me proposes une cigarette gitane mais, poliment, je refuse.

Tu dis : « C'est vrai, tu aimes mieux les cigares ! »

Tu parles beaucoup, il faut dire que tu n'es pas en forme.

Nous nous couchons.

Comme nous sommes en juillet, la nuit chaude pèse sur nos respirations. Elle trouble le sommeil. Elle chahute le tien.

Soudain, tu te lèves. Puis tu te mets à délirer. Voilà maintenant que tu bats les couloirs de la maison en te répandant en insultes.

Tu me traites de branleur.

Tu qualifies ma fiancée de pute.

Éveillée, elle ne comprend rien.

Réveillé, je supporte l'odieuse litanie sans rien dire.

Tu retournes te coucher en passant la fin de ta colère sur maman ébahie.

Un coup de couteau

Le dernier mardi du mois d'avril 1980, alors qu'il est sept heures et demie, je désosse un collier de bœuf.

Je suis ouvrier en la boucherie du viaduc de La Chapelle-Basse-Mer, commune du vignoble nantais.

Je me dépêche.

Les sœurs de l'école ont commandé du ragoût.

Aussi, j'attrape déjà la deuxième vertèbre cervicale.

Je n'ai pas mis de tablier de protection, le couteau ripe.

La lame pénètre dans le haut de ma cuisse.

Je dis : « Aïe ! »

Je porte la main à l'endroit où l'outil est entré.

Mon patron, présent à mes côtés, s'aperçoit de la gravité de mon geste.

Déjà du sang jaillit à travers mes doigts.

Mon employeur sort de la boutique, il court plus haut chercher le docteur Talmant, en espérant qu'il soit là.

Je file vers la cuisine et informe ma patronne de la situation.

Elle croit que je blague...

Que je feins...

Que c'est du sang de génisse ou de porc.

Elle réalise ce qui vient d'arriver.

Elle me fait asseoir, puis coucher sur le canapé de la salle à manger.

Elle me donne une serviette de bain pour presser la plaie.

Le jeune docteur arrive.

Il me manipule pour arrêter l'hémorragie.

Il demande à ce que l'on ouvre la fenêtre.

Il ne se sent pas bien, car il n'arrive pas à endiguer le flot sanguin.

Puis, il se sent mieux : il a réussi à stopper l'écoulement.

Il téléphone à l'hôpital.

Je suis dans l'ambulance.

La patronne est à mes côtés.

J'arrive à destination.

On me prend en charge immédiatement, je me retrouve au bloc opératoire.

Avant d'y entrer, le docteur Talmant venu en voiture m'a serré la main et souhaité bonne chance, il a dit : « Tout va bien se passer. »

Le professeur Forestier m'opère.

L'opération est longue.

Ma tension baisse.

Le chirurgien admirable me raccommode la veine fémorale que je m'étais proprement sectionnée.

Je me réveille.

La patronne est là.

Pendant dix jours, je suis hospitalisé.

Ma fiancée, qui faisait la cueillette du muguet l'autre semaine, vient me voir tous les jours en car.

Je reçois quelques visites, de la famille, des copains, mes patrons, maman...

Je reçois quelques coups de téléphone dont celui de Mme Élise qui fut ma logeuse.

Mais de toi, papa, rien.

Le silence total et complet.

Pourquoi ?

La chaise vide

En juillet 1981, nous nous marions à l'église de La Chapelle-Basse-Mer.

Le repas et le bal ont lieu à la salle municipale.

Tu ne viens ni à la cérémonie, ni aux réjouissances (tout comme mon beau-père).

Eh bien tu vois, ne pas avoir son père le jour de ses noces, c'est terrible.

Toute la journée, j'ai pensé que tu viendrais.

La chambre est devenue une volière

Tu m'appelles à la boucherie en décembre 1981.

Cinq mois que nous avons pris le commerce.

Tu dis : « Il faut que tu viennes, ta mère ne va pas bien ! »

Dès le soir arrivé et le magasin fermé, nous voilà accourus.

Elle est dans sa chambre, vous ne couchez plus ensemble.

On dirait qu'elle joue de l'harmonium.

En réalité, elle est chahutée par un génie mesquin.

Elle ne nous reconnaît pas.

Elle s'agite, ses bras vont dans l'espace comme les ailes désarticulées d'un moulin.

Papa, immobile, impuissant et à jeun, tu soupires, exaspéré.

Pourtant, tu es passablement responsable de cet état.

Maman parle des animaux qu'elle voit.

Ce ne sont pas des rats ou des serpents mais d'innombrables oiseaux qui volent dans la chambre dont certains se posent sur ses bras qu'elle a aussi maigres que des reposoirs à perroquet.

Elle nous fait voir ceux qui viennent manger dans la paume de ses mains qu'elle a décharnées.

On dirait des ailes déployées de chauve-souris.

En pleine lumière, il semble qu'on pourrait lire au travers.

Le lundi, nous sommes revenus.

Tu montes à ses côtés dans l'ambulance.

Nous suivons en auto.

Arrivés à l'hôpital, deux infirmiers la saisissent sans ménagement car maman s'agite.

Entre leurs mains, elle tente de s'échapper : on dirait un tapis volant.

Maman ne se calme pas.

Il va falloir l'attacher.

Elle crie.

Elle peste quand on la ficèle à l'aide de lanières, elle se met à gueuler.

Elle, encore belle, est devenue une bête prise au piège.

Je n'oublierai jamais ses yeux exorbités, son regard qui nous fixe sans nous voir et sa tête qu'elle cogne en tous sens, sans se ménager.

On lui ajoute une sangle en deçà du cou.

On nous demande de quitter la pièce.

Elle tente de se redresser.

Un souffle de lucidité la traverse.

Mais le coma la renverse.

Elle hurle à la mort.
La vie la suit sans passion.
On va s'en occuper.
Nous empruntons le chemin du retour, assis à l'arrière tu te tiens penaud.

Papa, tu es grand-père

Le 7 septembre 1982, François vient au monde.

Tu es, pour la première fois, grand-père.

Je téléphone à l'usine où tu travailles depuis plus de dix-neuf ans. Depuis le départ de maman, je ne t'ai pas revu.

À la secrétaire qui me répond, j'annonce la nouvelle. Elle me confirme qu'elle va faire la commission.

En fait, elle glisse un bout de papier sous un essuie-glace du pare-brise de ta vieille Citroën, où elle a griffonné :

« Vous avez un petit-fils, il s'appelle François. »

Ce message, je le retrouve dans tes affaires après ta mort.

Il s'ensuit des coups de téléphone de ta part. Souvent le soir, à une heure avancée, quand l'alcool te donne la force ou le courage de m'appeler.

Tu te répands en monologues répétitifs et pathétiques.

En quelques mois, tu dialogues, c'est surtout toi qui parles, plus que les dix dernières années.

Je suis ton confident.
Tu voudrais que je fasse le conciliateur.
Tu ne te rends pas compte que tu es allé trop loin.

En août 1983, je t'envoie une carte postale.
François a presque un an.
Tu ne l'as jamais vu.
Je trouve cela indécent.
Parfois, tu me téléphones. Tu es persuadé que maman reviendra.
Au bout du fil, je ne dis pas grand-chose.
J'écris sur la carte que, si tu veux nous voir ou connaître ton petit-fils, il te faudra rappeler afin que nous convenions d'un rendez-vous.
Et tu appelles.
Tu dis que tu es à bout.
Le lendemain, au café, devant un verre de vin pour toi, un diabolo anis pour moi, un café pour Christiane et un petit verre de grenadine pour François, nous parlons de tout et de rien.
Tu demandes des nouvelles de maman.
Tu dis qu'elle reviendra.
Le petit se faufile entre les tables et les chaises, nous nous quittons en promettant de nous revoir.
Tu nous raccompagnes en chaussons à notre voiture.
Tu as grossi, tu es enflé.
Nous te disons au revoir.
Tu nous réponds d'un signe de la main.
Tu rentres au café.

Nous filons vers Nantes.

Nous ne savons pas que c'est la dernière fois que nous te voyons vivant.

La carte postale, je la découvre dans tes effets personnels après ta mort.

Je prévoyais de t'inviter à manger à la maison et de convier maman.

Au cours de ce repas qui, autrefois, était une épreuve redoutée, j'aurais tenté malgré tout ce que nous avions enduré de vous remettre ensemble.

Était-ce une bonne idée ? Je ne sais pas.

Ta valise en carton

Papa, au café de la Gare à Nort-sur-Erdre où tu loges, certains soirs tu rentres au premier étage, dans ta chambre anonyme, tu sors de l'armoire ta valise en carton bouilli.

Les larmes venues plus par l'excès d'alcool que par abus de tendresse s'en viennent perler à tes paupières lourdes et fatiguées de ne plus se fermer autant qu'avant.

Tu dénoues la vieille ceinture (souvenir d'Indochine) qui tient fermée ta valise et, avec gourmandise, tu pioches dans le désordre une carte postale que tu adressais à maman, il y a presque quarante ans, une photo d'elle en noir et blanc — elle a dix-huit ans —, un paysage d'Indochine montrant des bœufs qui s'enlisent en rizière (toi aussi, tu as peiné et perdu bien des choses là-bas).

Sur le lit, les trois documents se côtoient.

On te croirait archéologue venant de mettre au jour des vestiges anciens sans valeur mais, à ton cœur, si précieux.

Peut-être tombes-tu sur une photo de moi.

Peut-être que tu me maudis.

Ou alors à travers le cliché tu me dis des choses que, hélas, je n'entendrai jamais.

Puis, tu ranges tout.

Tu te déshabilles à peine et t'allonges sur le lit, en essayant de trouver le sommeil qui, ce jour-là encore, ne viendra pas.

Lettre et châtiment

Tu reçois pendant les vacances une lettre recommandée.

Le facteur te l'apporte au café de la Gare, là où tu loues une chambre.

C'est ta lettre de licenciement.

Cela aurait dû arriver depuis longtemps.

Mais il y avait moi et maman qui te protégions à notre manière.

Maintenant, tu erres seul, maman est partie.

Pendant des années, ton patron et ton contremaître t'avaient supporté. Tes camarades (en avais-tu vraiment ?) avaient accepté bien des choses.

Devenu solitaire, pouvait venir la sanction : on te congédiait, on te virait à cinquante ans, avec tes vingt ans d'ancienneté.

Tu avais été un bon ouvrier courageux et travailleur.

L'âge qui venait trop vite à cause de tes excès — de boissons, de tabac, de médicaments et de colères —, et surtout le départ de ta femme, avait tout précipité.

Pour toi, c'était une sentence, un arrêt de mort, une humiliation.

Seule la potence te délivrerait.

Dans la petite boucherie que nous avons achetée, il y a un peu plus de deux ans, je suis en train de servir Mme Lambert.

Le chiffre d'affaires ne cesse d'augmenter.

Le téléphone se met à sonner.

Ma femme, présente à la caisse, file dans la cuisine puis le séjour pour répondre.

Je décolle les os de l'épaule d'agneau que ma cliente m'a demandée.

Mon épouse revient, elle est aussi blanche qu'une belle barde de lard finement tranchée.

Elle dit : « Franck, c'est la gendarmerie de Nort-sur-Erdre. On a retrouvé ton père pendu. »

Je défaille.

Tout en tremblant, je finis de servir Mme Lambert.

Elle compatit et sort.

D'autres clientes entrent, je file à la cuisine et je craque.

Christiane en attendant mon retour meuble la conversation.

Après avoir essuyé mes larmes, je réapparais.

Nous finissons la matinée comme si de rien n'était.

Tantôt, nous irons le reconnaître.

La boucherie sera fermée.

Je t'imagine prêt à accomplir l'irréparable.

Tu bois quelques verres pour te donner du courage.

Tu as dans la bouche le goût du tabac et de l'amertume.

Tu files à petits pas frileux dans tes chaussons vers le hangar dressant toiture à l'ombre de l'église.

Tu montes à l'étage.

Tu sors une grosse ficelle de ta poche, semblable à celle dont, à l'abattoir, on se sert pour attacher les gros morceaux.

Tu installes une potence famélique à une poutre de bois pleine de nœuds ; un de plus, coulant celui-là, se resserre sur tes cervicales.

Tu ne meurs pas tout de suite.

On te retrouve presque une semaine après.

Ton cou, sous l'effet de ton poids et des heures, s'est allongé.

Ta dépouille exhale une odeur effroyable.

Il est plausible que tu te sois tué le 28 octobre 1983, jour de mon vingt-sixième anniversaire.

J'ai retrouvé, dans tes affaires, ton petit carnet rouge à spirales.

Tu y marquais tes heures de travail effectuées au chantier naval.

Je prends la page septembre 1973 (année et mois de mon entrée en apprentissage). Je vois que, sur des semaines de cinq jours, tu as effectué :

52 heures, la première

58 heures, la deuxième

49 h 30, la troisième
49 h 30, la quatrième
soit une moyenne de 52 h 15 hebdomadaire.

Je m'aperçois que le 28 octobre, jour de mes seize ans, tombe un dimanche.

Il y a des nombres et des chiffres griffonnés, ici et là, comme 320-418-403-411-15-4-12 ; ce doit être des combinaisons hippiques.

Le cercueil

Tu es dans la chapelle de la maison de retraite de Nort-sur-Erdre. Une housse à fermeture éclair t'enveloppe totalement.

Le directeur de l'établissement te dégage la tête.

Ton frère Eugène et mon épouse te reconnaissent, moi je suis resté dehors.

L'enterrement aura lieu demain.

Il ne faut pas tarder, le corps est en piteux état.

Christiane mettra plusieurs années à se défaire de la vision de ton visage martyrisé.

À la gendarmerie, nous passons prendre ce qu'ils ont trouvé sur toi : des clefs de voiture, un briquet, des cigarettes, ton porte-monnaie noir à fermeture boutonnée (lui, je l'ai toujours dans ma poche ou sur mon bureau).

Les militaires sont désolés mais n'éprouvent pas de peine.

Il faut dire qu'ils te connaissaient, que tu as dû les abreuver en quolibets et insultes en tout genre.

Comme ils disaient : « On ne lui dit rien, c'est pour sa femme et son gosse... »

Dans la même semaine, le mardi, j'ai failli perdre mon fils, victime à treize mois d'une foudroyante crise d'épilepsie.

Le vendredi, je t'enterre.

Le 3 novembre 1983, au magasin funéraire, papa, je paie ton cercueil.

Je le choisis simple mais capitonné pour que ta tête y repose délicatement.

Il coûte 2 370 francs.

Pour t'accompagner à ta dernière demeure, il y a une foule énorme, l'église pourtant vaste est trop petite.

Maintenant, tu gis près de ton père. Quarante ans après, tu es venu le rejoindre pour l'éternité.

Notre fils erre, le regard vague, abruti par les doses de valium.

Ce 4 novembre 1983, il fait froid, le ciel est d'un bleu superbe, le soleil brille tendrement.

Denis le docteur

Au numéro 54 du boulevard de la Fraternité se trouve le cabinet du docteur Guitton. Une nuit de 1984, nous l'appelons à son domicile. Notre fils âgé d'à peine deux ans est en train de faire une nouvelle crise d'épilepsie. Le petit se désarticule. Sa mère essaie de le retenir dans ses bras. Le gosse, tel un petit brochet visqueux frais pêché, tente de s'échapper. Celle qui lui a donné le jour se résout à le coucher dans son petit lit où il continue de se tordre, boule de nerfs qu'il est, poupée de chiffon au masque hideux.

Le bon docteur arrive moins de dix minutes plus tard. Il doit être à peu près deux heures un quart du matin.

La trentaine passée, le nouveau praticien a pris la succession du docteur Merlant comme médecin de famille.

Le môme se convulse. Son corps est parcouru de tremblements vigoureux. De sa bouche naît une salive épaisse et abondante. Il écume. Une veine lui barre la joue droite et draine une trace violette. Son visage se métamorphose. Il n'a pas vingt-quatre mois mais soixante-quinze ans. Le médecin lui injecte par voie rectale une dose de valium qui le calme. En fait, elle l'assomme. Maintenant, il dort.

Le docteur Guitton rédige son ordonnance sur le coin de la table de la salle à manger. Il réfléchit. Le sommeil dont on l'a tiré s'avance à nouveau et pose sur son visage un masque. Le bon docteur prescrit. Il répond aux questions. Il rassure mais ne ment pas. L'épilepsie, c'est sérieux. On n'en meurt pas. Mais les secousses neurologiques peuvent causer des dégâts au cerveau. Il dit :

« À la pharmacie, on va vous donner une canule, comme cela quand votre enfant aura un malaise (pas sûr que cela se reproduise) vous pourrez l'apaiser en lui administrant vous-même la dose de valium. »

Il poursuit sur un ton rassurant :

« Il faudra emporter la boîte partout où vous irez... »

Le docteur ramasse un chèque, ferme sa valise et prend congé. Je le suis. Le visiteur est dehors et la nuit l'enveloppe goulûment. Au ras de son pantalon dépasse les jambes de son pyjama.

Brave homme, pour ne pas perdre de temps, il l'a gardé sur lui. L'obscurité avale le bruit du moteur de son auto. On n'entend plus que les étoiles.

Papa, j'ai su que, vers ta fin, tu as essayé de demander que l'on te soigne, que l'on te sauve.

J'ai fait un rêve

Papa, si tu n'avais pas fait tout cela, je t'aurais invité l'année de mes quarante ans, au cours du printemps 1997.

Tu aurais garé ta Citroën, ta marque préférée, sous le préau de la cour de l'école primaire dont j'ai la charge.

Nous nous serions embrassés à l'ombre d'un marronnier planté au milieu de la surface grossièrement goudronnée. Un peu plus d'un demi-siècle après l'avoir quittée, tu serais revenu à l'école.

À une table de la classe des CE1, tu te serais assis, et moi, à l'encoignure de mon bureau de bois couleur acajou, je t'aurais dit merci.

Tu aurais embrassé Christiane qui aurait surgi de derrière la porte de la cuisine, avec à la hanche agrippée une petite fille de sept ans pas à nous, mais provisoirement chez nous, vu que chez elle cela ne va pas.

Christiane est la cantinière, mais aussi l'infirmière, la confidente, l'assistance sociale et un peu, beaucoup la maman pour ceux et celles qui n'en ont pas vraiment une.

Notre fils, François, serait descendu du grenier pour te saluer.

Il t'aurait offert une des inventions dont il a le secret.

De toi, il a les gènes ; de ses mains, de peu, jaillit quelque chose.

Puis il serait retourné dans son laboratoire rempli de mille ustensiles en tout genre.

Dans la salle des repas, une bouteille de gamay des Pays-de-Loire, fraîche comme une rosée d'automne, nous attendrait mouillant sur son verre des centaines de gouttes, comme autant de larmes de joie.

À l'aide du tire-bouchon d'un couteau jaune, j'aurais débouché le vin et l'aurais versé dans les verres à pied.

La boisson aurait balbutié quelque chose. La pendule franc-comtoise aurait sonné midi moins le quart.

Des hirondelles auraient frappé aux carreaux avant de rentrer au nid sous le toit.

Nous aurions bu délicatement avec gourmandise.

Un rôti de porc entouré de pommes de terre comme autant de bougies finirait de cuire, courbant l'échine et exhalant dans la pièce son arôme de cochon et d'ail, mélange disparate mais si uni.

La petite fille, faisant allusion à tes cheveux blancs, t'aurait traité de papy.

En me regardant et en décelant mes tempes grises,

elle aurait déclamé : « Le papy chez toi va bientôt naître. »

François serait descendu de son antre, manquant de tomber des marches. Il a de si grandes jambes que, parfois, il se les emmêle.

Nous aurions pris un apéritif anisé, baigné par des glaçons, eux-mêmes noyés par de l'eau provenant du puits au fond du jardin livré à l'abandon.

Papa, pour écrire ce récit dont les lignes coulent de mon cerveau entre mes doigts, je revêts de beaux habits.

Je tiens à être impeccable.

Assis à la table de la salle à manger, en train de lire le manuscrit, je vois défiler notre vie.

Pendant l'hiver 1995, je l'ai rédigé en une semaine.

Tout cela parce qu'un événement professionnel m'a froissé.

Et toi, toujours présent en ma mémoire, mais caché par ma pudeur et mon pardon, te revoilà, jaillissant de plus belle.

Tu es mort et pourtant, en moi, tu vis toujours.

Plaies à jamais ouvertes

Papa, j'aurais pu écrire un tas de choses.
Je n'ai pas voulu que ce soit un tas d'immondices.
J'ai dû occulter quelques bons moments.
J'ai omis d'en narrer plein de mauvais.
Ce petit livre n'est pas ton procès.
Je n'ai rien oublié.
Je t'ai tout pardonné.
Papa, je ne t'adore ni ne te tue.
Je ne te renie pas !
Tu ne fus pas vraiment un papa, mais tu étais mon papa !

Papa, tu n'as pas eu d'enfance (si peu), tu as eu la guerre, l'alcool et ta folie...
Était-ce une raison pour me souhaiter pareil parcours ?
Il me semble que, si j'étais sur terre, ce n'était pas ma faute.
Toi, tu en étais un peu, beaucoup responsable.
François, ton petit-fils, va passer son bac.

Ce père que j'aimais malgré tout

J'espère que là-haut tu es fier de nous.
Si un jour je te revois, même si mon âge est respectable,
ce sera mon enfance
qui courra vers toi
pour se jeter dans tes bras.

Cet ouvrage composé
par Nord Compo
a été achevé d'imprimer sur Roto-Page
par l'Imprimerie Floch à Mayenne,
pour les Éditions Albin Michel
en avril 2001.

N° d'édition : 19696.
N° d'impression : 51339.
Dépôt légal : mai 2001.
Imprimé en France.